D0996962

LE GRAND LIVRE DE LA

CUISINE ASIATIQUE

LE GRAND LIVRE DE LA
CUISINE ASIATIQUE

PaRragon

Bath New York Singapore Hong Kong Cologne Delhi Melbourne

Copyright © Parragon Books Ltd

Queen Street House

4 Queen Street

Bath, BA1 1HE

Royaume-Uni

Copyright © Parragon Books Ltd 2008 pour l'édition française

Réalisation : InTexte, Toulouse

Tous droits réservés. Aucune partie de ce livre ne peut être
reproduite, stockée ou transmise par quelque moyen électronique,
mécanique, de reprographie, d'enregistrement ou autres que
ce soit sans l'accord préalable des ayants droit.

ISBN : 978-1-4075-4243-0

Imprimé en Chine

Printed in China

NOTE AU LECTEUR

- Toutes les cuillerées sont rases :
  ainsi, une cuillère à café contient 5 ml
  et une cuillère à soupe, 15 ml.

- Sauf indication contraire, le lait est
  toujours entier, les œufs et les légumes
  sont de taille moyenne ; le poivre est
  du poivre noir fraîchement moulu.

- Les recettes aux œufs crus ou peu cuits
  ne conviennent aux enfants, aux femmes
  enceintes et aux personnes souffrantes.

- Les femmes enceintes ou celles qui
  allaitent devraient éviter de consommer
  des cacahuètes ou des produits
  contenant de l'arachide.

- Les temps de préparation sont donnés
  à titre indicatif car ils dépendent
  des techniques utilisées. Par ailleurs,
  les temps de cuisson peuvent varier
  par rapport à ceux indiqués.

Sommaire

Introduction

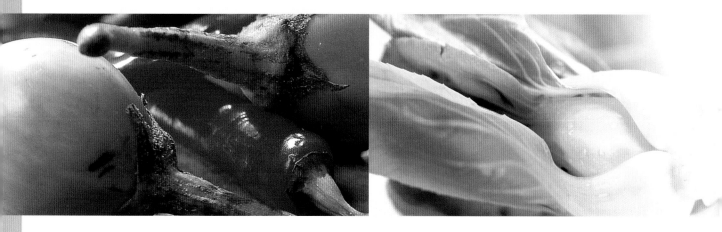

Introduction

8

Qui peut résister aux arômes et aux saveurs inoubliables de la cuisine asiatique ? Ces mets fins préparés avec amour, cuisinés avec des épices exotiques savoureuses, titillent les papilles gustatives. Dès la première bouchée, le palais en redemande.

L'Asie est un continent riche en contrastes et en cultures, avec des paysages grandioses, source d'une gastronomie étonnante. Si certains plats sont bien connus à l'étranger, d'autres restent à découvrir.

Ce recueil de recettes rend hommage au meilleur de la gastronomie asiatique, des mets caractéristiques de la Chine à la cuisine indienne en passant par les plats thaïlandais si savamment préparés. Chacun de ces pays peut se vanter de proposer des spécialités aussi impressionnantes que délicieuses.

Chine – une gastronomie intemporelle

En Chine, la préparation d'un repas est un moment privilégié qui doit rester simple. Depuis toujours, viandes, volailles, poissons et légumes sont rapidement saisis avec diverses sauces et épices, puis associés à du riz ou des nouilles. Lors des périodes de disette, les cuisiniers se débrouillaient pour préparer des plats nutritifs et appétissants avec peu d'ingrédients ; pendant les périodes fastes, on ajoutait des ingrédients plus luxueux. La cuisine chinoise s'est donc adaptée au fil du temps au lieu de changer radicalement, conservant ainsi sa philosophie de base et ses traditions.

Aujourd'hui, la Chine peut se diviser en quatre régions gastronomiques : le Nord, le Sud, l'Est et l'Ouest. Au nord de la Chine, le climat est sec et les hivers rigoureux. L'aliment de base est la farine de blé ; pour cette raison, les habitants consomment plus de nouilles que de riz. Si Pékin et d'autres provinces septentrionales sont proches de la mer de Chine, les produits de la mer sont toutefois moins fréquents que les plats de viande et de volaille. Cette région est aussi le berceau de la célèbre sauce pékinoise

et du fu yung, une préparation aux œufs. Le développement du commerce international a permis d'intégrer de nombreux ingrédients auparavant inconnus dans le nord du pays ; aujourd'hui, les plats traditionnels incluent des graines de sésame, des noix, des petits pois, de la coriandre, du raisin et de l'ail.

Dans la partie orientale de la Chine, et plus précisément dans la vallée fertile de Shanghai, l'utilisation du riz est très répandue. C'est à cette région que l'on doit le célèbre riz frit aux œufs. Les poissons et crustacés attrapés dans le Yangtze font aussi partie de l'alimentation courante, tout comme le canard, l'oie, le porc et le jambon fumé. Parmi les parfums habituels, on compte le miel, le gingembre et le vinaigre de riz, mais les stir-fry sont souvent uniquement agrémentés de sauce de soja.

C'est la Chine du Sud qui remporte la palme de la gastronomie avec les plats les plus célèbres. En général, les Occidentaux connaissent mieux la cuisine de Canton, comme les sauces aigres-douces et les spectaculaires plats de fruits de mer.

Au Sichuan et au Hunan, plus à l'ouest, la cuisine est relevée et épicée : ici, le piment est utilisé sans réserve. Ces provinces sont plus éloignées de la côte et le taux d'humidité ambiant a contraint les habitants à saler, sécher, fumer ou saumurer leurs aliments pour mieux les conserver.

Alors que les provinces chinoises offrent une cuisine aussi variée que les paysages, les sautés font l'unanimité à travers la Chine et leur popularité s'est étendue au monde entier. Ce mode de cuisson est sain puisqu'il est rapide et demande peu d'huile. Le wok – une grande poêle profonde à fond incurvé – est l'instrument privilégié pour cuisiner un stir-fry. Les woks possèdent généralement deux petites poignées, mais vous pouvez acheter un modèle avec une longue poignée, une caractéristique que préfèrent de nombreux cuisiniers. Vous pouvez également utiliser une sauteuse, mais un wok traditionnel permet de mieux mélanger les ingrédients et la chaleur se répand plus uniformément. Ainsi, les aliments sont saisis à point lorsqu'ils entrent en contact avec le fond et les bords du wok.

Généralement, les Chinois n'emploient pas de couteaux à table car les aliments sont tous découpés en cuisine avant d'être servis. Vous ne trouverez pas non plus de salière ou de poivrière : pour les Chinois, ce serait une insulte d'assaisonner votre plat alors que le chef a mis tant de temps et d'efforts à le préparer !

9

Inde – des saveurs inoubliables

À l'image de la Chine, la gastronomie indienne peut se répartir en quatre régions. L'Inde du Nord jouit d'un climat passant d'un extrême à l'autre. C'est pour cette raison que la cuisine de la région est assez riche. Les tandoori, ainsi que bon nombre de spécialités connues en Occident telles que les kormas et les pains naan, viennent du nord du pays. Le mouton est une viande populaire dans cette région et les plats sont souvent agrémentés de garam masala, un mélange d'épices moulues grillées à sec.

La partie orientale de l'Inde a un climat chaud et humide. Le riz est la céréale la plus consommée. Sur les côtes du golfe du Bengale, le poisson fait partie du régime alimentaire traditionnel, tout comme les noix de coco et les bananes. Le thé est la boisson nationale ; l'est du pays est mondialement réputé pour les thés d'Assam et de Darjeeling.

Dans le sud de l'Inde, les précipitations sont plus fréquentes, d'où l'abondance de légumes et de haricots secs. C'est de là que viennent les dals, des plats élaborés à base de lentilles ou de pois cassés. La population est majoritairement végétarienne, mais il existe néanmoins des plats à base de viande, de vindaloo relevé et de fruits de mer.

La partie occidentale de l'Inde, qui comprend entre autres le Gujarat, est la région laitière de la nation. On y trouve en abondance yaourts, lait fermenté et plats à base de lait. Les cornichons sont également très appréciés dans la région. Sur la côte occidentale, Bombay représente la jonction de l'Inde du Nord et de l'Inde du Sud ; la fusion de différents ingrédients traditionnels y est évidente. Ainsi, le blé et le riz font tous deux partie de l'alimentation de base. On trouve également une grande variété de plats à base de poisson et de crustacés. Les légumes cultivés localement sont aussi très appréciés, comme en témoigne la spécialité du Gujarat, la salade de carottes.

Cuisiner des plats indiens savoureux ne demande pas d'ustensiles particuliers : la plupart des ingrédients sont cuits dans une poêle. Toutefois, un pilon et un mortier s'avèrent utiles pour moudre les épices.

L'Inde possède aussi sa propre version du wok : une poêle à deux poignées appelée balti ou karahi. Certains Indiens l'utilisent pour cuisiner une sorte de sauté au curry ; d'autres y préparent un plat à base de viande et de légumes, consommé directement dans la poêle. Si vous ne disposez pas de balti, cuisinez les recettes dans un grand wok ou une sauteuse.

Thaïlande – des saveurs exquises

La Thaïlande compte trois régions gastronomiques : le Nord, le Centre et le Sud. Au nord, la partie du pays la plus éloignée de la mer, les plats les plus populaires sont élaborés à base de légumes, de riz cuit à la vapeur et de sauces pimentées. Le porc, les saucisses et le canard sont fréquemment consommés dans cette région.

Au centre de la Thaïlande, le riz est l'aliment incontournable. Les soupes, les plats de légumes et les salades sont aussi des mets appréciés. Parmi les plats traditionnels, on compte des omelettes, du bœuf ou du porc rôti, et des poissons pêchés localement. La spécialité du centre est le curry rouge. Ici, la présentation des plats est un art qui a contribué à la reconnaissance de la gastronomie thaïlandaise dans le monde entier.

Dans le sud du pays, les plats sont souvent très relevés : les piments sont utilisés généreusement dans tous les plats. Comme cette région dispose de nombreux accès à la mer, les poissons et les fruits de mer figurent souvent au menu.

En Thaïlande, les cuisiniers utilisent une grande variété de plantes aromatiques et d'épices, comprenant de l'ail, du galanga, des piments, des feuilles de lime kaffir, de la citronnelle, du basilic thaïlandais, du cumin et du curcuma.

Préparer des recettes thaïlandaises ne demande aucun ustensile particulier. Si vous possédez un wok, vous pourrez l'utiliser pour élaborer de nombreux plats. Un pilon et un mortier seront utiles pour piler vos ingrédients. Les couteaux sont souvent absents sur les tables en Thaïlande car les aliments sont tous prédécoupés en cuisine. En général, les plats sont communs et sont servis les uns après les autres.

Des recettes exotiques préparées en peu de temps

Quelques ingrédients suffisent pour que votre cuisine évoque les arômes et les saveurs de l'Asie : des nouilles chinoises aux œufs, du riz basmati, du vermicelle. Ajoutez quelques épices et des lentilles, de la sauce de soja et du nuoc-mam, et le tour est joué.

Les recettes de ce livre sont simples à réaliser mais feront grande impression. En un tournemain, vous vous régalerez de ces spécialités asiatiques. Ces plats émerveilleront les personnes qui y goûteront et vous épaterez vos convives en leur avouant le peu de temps que vous aurez consacré à leur élaboration.

Recettes de base

Pâte de curry rouge thaïlandaise

1 cuil. à soupe de graines de coriandre

1 cuil. à soupe de graines de cumin

2 cuil. à café de pâte de crevettes

12 piments rouges frais ou secs, hachés

2 échalotes, hachées

8 gousses d'ail, hachées

1 morceau de galanga frais de 2,5 cm, haché

2 tiges de lemon-grass (parties blanches seulement), hachées

4 feuilles de lime kaffir, hachées

2 cuil. à soupe de racine de coriandre fraîche hachée

zeste râpé d'un citron vert

1 cuil. à café de grains de poivre noir

Dans une poêle, faire griller à sec les graines de coriandre et de cumin 2 à 3 minutes sans cesser de remuer, jusqu'à ce qu'elles soient dorées. Retirer du feu et piler en poudre fine. Envelopper la pâte de crevettes dans du papier d'aluminium et passer au gril 2 à 3 minutes en retournant une fois. Mettre la poudre d'épices, la pâte de crevettes et les piments dans un robot de cuisine, et hacher le tout. Ajouter les ingrédients restants et mixer de nouveau jusqu'à obtention d'une pâte homogène.

Pâte de curry jaune thaïlandaise

3 petits piments frais, jaunes ou orange, grossièrement hachés

3 grosses gousses d'ail, hachées

4 échalotes, hachées

1 cuil. à soupe de curcuma en poudre

1 cuil. à café de sel

12 à 15 grains de poivre noir

1 tige de lemon-grass (partie blanche seulement), hachée

1 morceau de gingembre frais de 2,5 cm, haché

Mettre tous les ingrédients dans un robot de cuisine et mixer jusqu'à obtention d'une pâte homogène.

Pâte de curry verte thaïlandaise

Suivre la recette de la pâte de curry rouge en utilisant 15 piments verts, 6 gousses d'ail et 6 feuilles de lime kaffir, et ajouter 1 cuil. à café de sel.

Pâte d'ail et de gingembre

Mélanger une quantité équivalente d'ail et de gingembre frais. Conserver 3 semaines dans un récipient hermétique au réfrigérateur, ou 1 mois au congélateur.

Pâte thaïlandaise

Cette recette réunit les ingrédients traditionnels de la cuisine thaïlandaise. Piler une tête d'ail avec une botte de feuilles et de racines de coriandre fraîche et 55 g de grains de poivre blanc. Conserver 3 à 4 jours au réfrigérateur ou congeler en petites portions.

Crêpes à la pékinoise

Ces crêpes peuvent être réchauffées à la poêle ou au four à micro-ondes

450 g de farine, un peu plus
    pour saupoudrer
1 pincée de sel
300 ml d'eau bouillante
2 cuil. à soupe d'eau froide
1/2 cuil. à café d'huile de sésame

Pour faire 30 crêpes, tamiser la farine et le sel dans une terrine, et ajouter progressivement l'eau bouillante de façon à obtenir une pâte épaisse. Ajouter l'eau froide et l'huile de sésame, et pétrir 4 minutes, jusqu'à ce que la pâte soit souple et homogène. Couvrir et laisser reposer 30 minutes.

Diviser la pâte en deux, pétrir sur un plan fariné et diviser en 15 portions. Abaisser en ronds de 15 cm et cuire à sec dans une poêle préchauffée, jusqu'à ce que les crêpes soient tachetées. Retourner et cuire encore 10 secondes.

Galettes pour rouleaux de printemps

500 g de farine
1 cuil. à café de sel
4 œufs, battus
450 ml d'eau froide
6 cuil. à soupe d'huile

Pour faire 20 galettes, tamiser la farine et le sel dans une terrine, et incorporer progressivement les œufs battus et l'eau sans cesser de battre de façon à obtenir une pâte épaisse et homogène. Ajouter l'huile et pétrir de nouveau. Pour cuire les galettes, chauffer une poêle de 15 cm de diamètre, verser 3 cuillerées à soupe de pâte et cuire jusqu'à ce que les bords de la galette se détachent de la poêle. Empiler les crêpes sur un plat de service et servir directement à table pour laisser les convives faire leurs propres rouleaux de printemps.

Soupes, entrées et repas légers

POUR 4 À 6 PERSONNES

280 g de travers de porc, coupés
   en morceaux

1,2 l d'eau

2 tomates, épépinées et concassées

3 fines lamelles de gingembre frais

140 g de pousses de soja

2 cuil. à café de sel

200 g de tofu (poids égoutté),
   coupé en cubes de 2,5 cm

NGA CHOI DAU FU TONG

Soupe de tofu aux pousses de soja

Porter une petite casserole d'eau à ébullition, blanchir les travers de porc 30 secondes et écumer. Égoutter les travers de porc et réserver.

Dans une grande casserole, porter l'eau mesurée à ébullition, ajouter les travers de porc, les tomates et le gingembre, et cuire 10 minutes. Retirer la peau des tomates de la casserole, ajouter les pousses de soja et le sel, et couvrir. Laisser mijoter 1 heure, ajouter le tofu et laisser mijoter encore 2 minutes. Retirer du feu et servir.

POUR 4 À 6 PERSONNES

55 g de farine de pois chiches

1 cuil. à café de curcuma en poudre

¼ de cuil. à café de poudre de piment

½ à 1 cuil. à café de sel

400 ml de yaourt nature

2 cuil. à soupe de beurre clarifié
ou d'huile d'arachide

700 ml d'eau

GARNITURE

½ cuil. à soupe de beurre clarifié
ou d'huile d'arachide

¾ de cuil. à café de graines de cumin

½ cuil. à café de graines de moutarde
noire

½ cuil. à café de graines de fenugrec

4 à 6 piments rouges frais

18

HALDI DAHI KA SHORBA

Soupe de yaourt
au curcuma

Dans une terrine, mettre la farine de pois chiches, le curcuma, la poudre de piment
et ½ cuillerée à café de sel, ajouter le yaourt et battre à l'aide d'une fourchette ou d'un fouet
jusqu'à obtention d'une consistance homogène.

Dans un wok, faire fondre le beurre clarifié à feu moyen à vif, ajouter le mélange précédent
et l'eau, et porter à ébullition sans cesser de battre. Réduire le feu et laisser mijoter 8 minutes
en remuant souvent, jusqu'à ce que la préparation ait légèrement épaissi. Ajouter le sel restant
si nécessaire.

Pour la garniture, faire fondre le beurre clarifié dans une petite casserole, ajouter le cumin,
la moutarde et le fenugrec, et faire revenir jusqu'à ce que les graines commencent à éclater.
Ajouter les piments, retirer la casserole du feu et remuer 30 secondes, jusqu'à ce que la peau
des piments soit plissée (procéder avec précaution car les piments frais peuvent éclater).

Répartir la soupe dans des bols, ajouter la garniture et servir.

CONSEIL

Dans la cuisine asiatique, il est courant de relever un mets en ajoutant de l'huile chaude
épicée juste avant de servir. Il s'agit du tarka, destiné à donner vie à un plat. Il est possible
de remplacer le tarka par du chutney à la coriandre.

POUR 4 À 6 PERSONNES

3 champignons chinois séchés, trempés
   20 minutes dans de l'eau chaude

115 g de filets de porc

55 g de pousses de bambou fraîches
   ou sèches, rincées (cuire les pousses
   de bambou fraîches 30 minutes à l'eau
   bouillante)

225 g de tofu ferme (poids égoutté)

850 ml de bouillon de volaille

1 cuil. à soupe de vin de riz

1 cuil. à soupe de sauce de soja
   claire

1½ cuil. à soupe de vinaigre de vin
   de riz

1 cuil. à café de poivre blanc

1 cuil. à café de sel

1 œuf, légèrement battu

SYUN LAAT TONG
Soupe aigre-douce

Égoutter les champignons, émincer finement et jeter les pieds durs. Couper la viande, les pousses de bambou et le tofu en morceaux de même taille.

Dans une casserole, porter le bouillon à ébullition, ajouter la viande et cuire 2 minutes. Ajouter les champignons et les pousses de bambou, et cuire encore 2 minutes. Ajouter le vin de riz, la sauce de soja, le vinaigre de riz, le poivre et le sel, et porter de nouveau à ébullition. Couvrir et laisser mijoter 5 minutes. Ajouter le tofu et laisser bouillir 2 minutes sans couvrir.

Incorporer l'œuf battu et cuire jusqu'à obtention de filaments. Servir immédiatement.

CONSEIL

Le piquant de cette soupe provient du poivre blanc, à utiliser selon son goût.

POUR 4 PERSONNES

1 litre de bouillon de bœuf

150 ml d'huile d'arachide

85 g de vermicelle de riz

2 échalotes, finement émincées

2 gousses d'ail, hachées

1 morceau de gingembre frais
de 2,5 cm, finement émincé

225 g de steak, coupé en fines
lanières

2 cuil. à soupe de pâte de curry verte

2 cuil. à soupe de sauce de soja
thaïlandaise

1 cuil. à soupe de nuoc-mam

coriandre fraîche, hachée,
en garniture

GUAY TIAW TOM YAM NUEA

Soupe au vermicelle au bœuf épicé

Dans une grande casserole, verser le bouillon et porter à ébullition. Dans un wok, chauffer l'huile, ajouter un tiers du vermicelle et cuire 10 à 20 secondes, jusqu'à ce qu'il ait gonflé. Ôter le vermicelle du wok à l'aide de pinces, égoutter sur du papier absorbant et réserver. Retirer l'huile du wok à l'exception de 2 cuillerées à soupe.

Mettre les échalotes, l'ail et le gingembre dans le wok et faire revenir 1 minute. Ajouter la viande et la pâte de curry, et faire revenir encore 3 à 4 minutes, jusqu'à ce que le tout soit tendre.

Ajouter la préparation précédente, le vermicelle non cuit, la sauce de soja et le nuoc-mam au bouillon et laisser mijoter 2 à 3 minutes, jusqu'à ce que le vermicelle soit cuit. Servir chaud, garni de coriandre et de vermicelle frit.

SOUPES, ENTRÉES ET REPAS LÉGERS

POUR 6 À 8 PERSONNES

30 carrés de pâte à wontons

1 blanc d'œuf, légèrement battu

GARNITURE

175 g de viande de porc hachée

225 g de crevettes crues, décortiquées,
    déveinées et hachées

½ cuil. à café de gingembre frais haché

1 cuil. à soupe de sauce de soja frais

1 cuil. à soupe de vin de riz

2 cuil. à café d'oignons verts hachés

1 pincée de sucre

1 pincée de poivre blanc

1 trait d'huile de sésame

SOUPE

2 litres de bouillon de poulet

2 cuil. à café de sel

½ cuil. à café de poivre blanc

2 cuil. à soupe d'oignons verts hachés

1 cuil. à soupe de coriandre fraîche
    hachée, en garniture

WUN TUN TONG

Soupe de wontons

Dans une terrine, mélanger les ingrédients de la garniture jusqu'à obtention d'une consistance épaisse et laisser reposer 20 minutes.

Pour les wontons, déposer une cuillerée à café de garniture au centre de chaque carré de pâte, enduire les bords de blanc d'œuf et rassembler les coins en forme de fleur. Répéter l'opération avec la garniture et les carrés restants.

Pour la soupe, porter le bouillon à ébullition dans une casserole, saler et poivrer. Ajouter les wontons et cuire 5 minutes, jusqu'à ce que la pâte se fripe autour de la garniture.

Pour servir, répartir les oignons verts dans des bols, ajouter la soupe et garnir de wontons. Parsemer de coriandre et servir immédiatement.

CONSEIL

Veiller à utiliser du bouillon de poulet de la meilleure qualité possible – un bouillon-cube ne suffira pas à donner la saveur nécessaire.

POUR 4 PERSONNES

3 grosses tomates

2 cuil. à soupe d'huile d'arachide

4 échalotes, finement hachées

2 gousses d'ail, hachées

2 cuil. à café de curcuma en poudre

2 tiges de lemon-grass, chacune coupée
  en trois

2 piments verts frais, épépinés et hachés

3 racines de coriandre, hachées

850 ml de fumet de poisson

2 cuil. à café de sucre roux non raffiné

2 cuil. à soupe de nuoc-mam

12 gambas, décortiquées, sans ôter
  la queue

225 g de moules fraîches, grattées
  et ébarbées

225 g de filets de poisson à chair
  blanche, sans la peau, coupés en cubes

225 g de calmars, coupés en anneaux

jus d'un citron vert

quelques brins de basilic thaïlandais frais

Soupe aux fruits de mer

Porter à ébullition une casserole d'eau. Pratiquer une incision en croix à la base de chaque tomate, plonger dans l'eau bouillante et blanchir 1 minute. Retirer de l'eau, immerger dans de l'eau glacée et monder. Couper chaque tomate en deux, épépiner et concasser la chair.

Dans un wok, chauffer l'huile, ajouter les échalotes, l'ail, le curcuma, le lemon-grass, les piments et la coriandre, et faire revenir 1 à 2 minutes, jusqu'à ce que les arômes s'exhalent.

Ajouter les tomates, le sucre et le nuoc-mam, mouiller avec le fumet et laisser mijoter 8 à 10 minutes.

Ajouter les gambas, les moules, le poisson et le calmar, couvrir et laisser mijoter 3 à 5 minutes, jusqu'à ce que le poisson soit cuit et que les moules soient ouvertes. Jeter les moules qui sont restées fermées, incorporer le jus de citron vert et les brins de basilic, et répartir dans des bols. Servir immédiatement.

POUR 14 SAMOSAS

PÂTE

250 g de farine

½ cuil. à café de sel

3 cuil. à soupe de beurre
  clarifié ou de beurre, fondu,
  un peu plus pour graisser

½ cuil. à soupe de jus
  de citron

100 à 125 ml d'eau froide

coriandre fraîche, en garniture

GARNITURE

4 cuil. à soupe de beurre
  clarifié ou d'huile d'arachide

1 oignon, très finement haché

2 gousses d'ail, hachées

1 pomme de terre, coupée
  en petits dés

2 carottes, finement hachées

2 cuil. à café de poudre de curry,
  douce à forte selon son goût

1½ cuil. à café de coriandre
  en poudre

1 cuil. à café de curcuma
  en poudre

1 piment vert frais, épépiné
  et haché

1 cuil. à café de sel

½ cuil. à café de graines
  de moutarde noire

300 ml d'eau

100 g de petits pois surgelés

55 g de petites fleurettes
  de chou-fleur

huile d'arachide, pour la cuisson

28

ALOO MATTAR SAMOSA
Samosas végétariens

Pour la garniture, faire fondre le beurre clarifié à feu moyen à vif, ajouter l'oignon et l'ail, et cuire 5 à 8 minutes, jusqu'à ce qu'ils soient tendres. Incorporer la pomme de terre et les carottes, et cuire 5 minutes en remuant de temps en temps. Incorporer la poudre de curry, la coriandre, le curcuma, le piment, le sel et les graines de moutarde. Mouiller avec l'eau, porter à ébullition et réduire le feu. Laisser mijoter 15 minutes en remuant souvent. Ajouter les petits pois et le chou-fleur, et laisser mijoter jusqu'à ce qu'ils soient tendres et que le liquide se soit évaporé. Retirer du feu et réserver.

Pour la pâte, tamiser la farine et le sel dans une terrine, creuser un puits au centre et y verser le beurre clarifié et le jus de citron. Mélanger avec les doigts jusqu'à obtention d'une pâte souple, pétrir 10 minutes et façonner une boule. Couvrir d'un torchon humide et laisser reposer 15 minutes.

Diviser la pâte en 7 portions. Sur un plan graissé, abaisser chaque portion en un rond de 20 cm de diamètre puis couper chaque rond en deux.

Humecter les bords d'un demi-rond avec l'eau froide, placer 2 cuillerées à café de garniture au centre et rabattre une pointe du demi-rond sur la garniture. Couvrir le tout avec l'autre pointe de façon à obtenir un cône, humecter le sommet du cône et replier en pressant de façon à sceller hermétiquement.

Verser 2,5 cm d'huile dans une poêle à fond épais et chauffer à 180 °C – un dé de pain doit y dorer en 30 secondes. Cuire les samosas 2 à 3 minutes en retournant une fois, jusqu'à ce qu'ils soient dorés. Égoutter sur du papier absorbant et servir chaud, garni de coriandre fraîche.

POUR 18 À 20 NEMS

6 champignons chinois séchés, trempés
   20 minutes dans de l'eau chaude

55 g de nouilles de haricots, trempées
   20 minutes dans de l'eau chaude

2 cuil. à soupe d'huile d'arachide,
   un peu plus pour la cuisson

1 cuil. à soupe de gingembre frais haché

100 g de carottes, coupées en julienne

100 g de chou, ciselé

1 cuil. à soupe d'oignons verts émincés

1 cuil. à soupe de sauce de soja claire,
   un peu plus en accompagnement

85 g de tofu (poids égoutté), coupé
   en dés

½ cuil. à café de sel

1 pincée de poivre blanc

1 pincée de sucre

20 galettes de blé

1 blanc d'œuf, légèrement battu

30

SOU CHOI CHEUN GYUN
Nems végétariens

Égoutter les champignons, émincer finement et jeter les pieds durs. Égoutter les nouilles et couper en petits tronçons.

Dans un wok, chauffer l'huile, ajouter le gingembre et faire revenir jusqu'à ce que les arômes se développent. Ajouter les champignons et faire revenir 2 minutes. Ajouter les carottes, le chou et les oignons verts, et faire revenir 1 minute. Ajouter les nouilles et la sauce de soja, et faire revenir encore 1 minute. Incorporer le tofu et cuire 1 minute. Saler, poivrer et ajouter le sucre. Cuire encore 1 à 2 minutes, jusqu'à ce que les carottes soient tendres. Retirer du feu et laisser refroidir.

Déposer 1 cuillerée à soupe de garniture au centre de chaque galette de blé, rouler de façon à obtenir un nem de 10 cm et sceller avec un peu de blanc d'œuf. Répéter l'opération avec les ingrédients restants.

Dans un wok, chauffer de l'huile à 180 °C – un dé de pain doit y dorer en 30 secondes. Faire frire les nems 5 minutes, jusqu'à ce qu'ils soient dorés et croustillants. Servir accompagné de sauce de soja.

VARIANTE
Il est possible de remplacer les galettes de blé par des galettes de riz.

POUR 4 À 6 PERSONNES

400 g de pommes de terre nouvelles, grattées

1 cuil. à café de graines de coriandre

1 cuil. à café de graines de fenouil

400 ml de yaourt nature

1 piment vert frais, épépiné et haché

sel et poivre

menthe fraîche hachée, en garniture

4 à 8 poppadoms, réchauffés, en accompagnement

ALOO KA RAÏTA
Raïta aux pommes de terre

Cuire les pommes de terre 10 à 12 minutes à l'eau bouillante, jusqu'à ce qu'elles soient tendres. Égoutter, rincer à l'eau courante et égoutter de nouveau. Laisser tiédir et hacher finement avec ou sans la peau.

Dans une petite poêle, faire griller à sec les graines de coriandre et de fenouil à feu vif sans cesser de remuer jusqu'à ce que les arômes se développent. Retirer immédiatement de la poêle de façon à éviter qu'elles brûlent.

Transférer les graines dans un moulin à épices ou un mortier et moudre ou piler jusqu'à obtention d'une poudre fine. Battre le yaourt, incorporer la poudre d'épices et le piment, saler et poivrer. Ajouter les pommes de terre et mélanger en veillant à ne pas les écraser. Couvrir de film alimentaire et laisser reposer 30 minutes.

Pour servir, mélanger de nouveau le raïta, incorporer la menthe fraîche et servir accompagné de poppadoms.

CONSEIL

Pour réchauffer les poppadoms, chauffer 1 cm d'huile d'arachide dans un wok ou une grande poêle, ajouter un poppadom et cuire quelques secondes, jusqu'à ce qu'il s'élargisse, qu'il soit légèrement doré et que des bulles apparaissent à la surface. Retirer de la poêle à l'aide de pinces et égoutter sur du papier absorbant froissé. Il est également possible de passer au gril préchauffé à température maximale quelques secondes de chaque côté après avoir badigeonné d'huile.

POUR 4 PERSONNES

huile d'arachide, pour la friture

400 g de fleurettes de chou-fleur

chutney, en accompagnement

PÂTE

140 g de farine de maïs

2 cuil. à café de coriandre en poudre

1 cuil. à café de garam masala

1 cuil. à café de sel

½ cuil. à café de curcuma
   en poudre

1 pincée de poudre de piment

1 cuil. à soupe de beurre clarifié,
   fondu, ou d'huile d'arachide

1 cuil. à café de jus de citron

100 ml d'eau froide

2 cuil. à café de graines de nigelle

GOBHI KA PAKORA
Pakoras de chou-fleur

Pour la pâte, mettre la farine, la coriandre, le garam masala, le sel, le curcuma et la poudre de piment dans une grande terrine, mélanger et creuser un puits au centre. Verser le beurre clarifié, le jus de citron et 2 cuillerées à soupe d'eau froide dans le puits et mélanger jusqu'à obtention d'une pâte épaisse.

Sans cesser de battre à l'aide d'un batteur électrique, incorporer progressivement assez d'eau froide pour obtenir une consistance crémeuse et ajouter les graines de nigelle. Couvrir de film alimentaire et laisser reposer au moins 30 minutes.

Dans un wok ou une sauteuse, chauffer de l'huile à 180 °C – un dé de pain doit y dorer en 30 secondes. Plonger les fleurettes de chou-fleur une à une dans la pâte, égoutter et ajouter dans l'huile chaude. Répéter l'opération avec quelques fleurettes supplémentaires et faire frire 3 minutes, jusqu'à ce que les beignets soient dorés et croustillants.

Retirer de l'huile à l'aide d'une écumoire, égoutter sur du papier absorbant froissé et répéter l'opération avec les fleurettes de chou-fleur restantes. Servir accompagné de chutney.

POUR 12 BHAJIAS

140 g de farine de pois chiches

1 cuil. à café de sel

1 cuil. à café de cumin en poudre

1 cuil. à café de curcuma en poudre

1 cuil. à café de bicarbonate

½ cuil. à café de poudre de piment

2 cuil. à café de jus de citron

2 cuil. à soupe d'huile d'arachide,
  un peu plus pour la friture

2 à 8 cuil. à soupe d'eau

2 oignons, finement émincés

2 cuil. à café de graines de coriandre,
  concassées

quartiers de citron,
  en accompagnement

36 PYAAZ PAKORA
Bhajias d'oignon

Dans une terrine, tamiser la farine, le sel, le cumin, le curcuma, le bicarbonate et la poudre de piment, ajouter le jus de citron et l'huile, et incorporer progressivement assez d'eau pour obtenir une pâte fluide. Ajouter les oignons et les graines de coriandre, et bien mélanger.

Dans un wok ou une sauteuse, chauffer de l'huile à 180 °C – un dé de pain doit y dorer en 30 secondes. Plonger quelques cuillerées de la préparation précédente dans le wok et faire frire 2 minutes. Retourner à l'aide de pinces et cuire encore 2 minutes, jusqu'à ce que les bhajias soient dorés.

Retirer immédiatement de l'huile, égoutter sur du papier absorbant froissé et réserver au chaud. Répéter l'opération avec la préparation restante et servir accompagné de quartiers de citron.

CONSEIL

Le fait que les bhajias soient croustillants et non huileux dépend de la température de l'huile au cours de la cuisson. Il faudra donc veiller à ne pas cuire trop de bhajias en même temps pour que la température de l'huile ne chute pas, et à réchauffer l'huile entre chaque fournée. Le plus sûr reste d'investir dans un thermomètre de cuisine.

POUR 4 PERSONNES

2 cuil. à soupe d'huile d'arachide

1 cuil. à soupe d'huile de sésame

jus d'un demi-citron vert

2 blancs de poulet, sans la peau
et désossés, coupés en cubes

ACCOMPAGNEMENT

rondelles de concombre

riz blanc

SAUCE

2 cuil. à soupe d'huile d'arachide

1 petit oignon, finement haché

1 petit piment vert frais, épépiné
et haché

1 gousse d'ail, finement hachée

125 ml de beurre de cacahuète
avec des éclats de cacahuètes

6 à 8 cuil. à soupe d'eau

jus d'un demi-citron vert

SATAY GAI
Satay de poulet

Dans une terrine non métallique, mélanger les huiles et le jus de citron, ajouter le poulet et couvrir de film alimentaire. Mettre au réfrigérateur et laisser mariner 1 heure.

Pour la sauce, chauffer l'huile dans une poêle, ajouter l'oignon, le piment et l'ail, et cuire 5 minutes à feu doux en remuant de temps en temps, jusqu'à ce qu'ils soient tendres. Ajouter le beurre de cacahuète, 6 cuillerées à soupe d'eau et le jus de citron vert, et laisser mijoter sans cesser de remuer, jusqu'à obtention d'une sauce homogène. Ajouter l'eau restante si nécessaire.

Égoutter le poulet, piquer les cubes sur 8 à 12 brochettes en bois et passer au gril ou cuire au barbecue 10 minutes en retournant souvent, jusqu'à ce que le poulet soit tendre et doré. Servir chaud accompagné de sauce, de rondelles de concombre et de riz blanc.

CONSEIL
Faire tremper les brochettes en bois 45 minutes dans de l'eau tiède avant d'y piquer le poulet de sorte qu'elles ne brûlent pas à la cuisson.

POUR 3 À 4 PERSONNES

250 g d'ailes de poulet, décongelées
  si nécessaire

225 ml d'eau

1 cuil. à soupe d'oignons verts

1 morceau de gingembre frais de 2,5 cm
  coupé en 4 rondelles

2 cuil. à soupe de sauce de soja claire

½ cuil. à soupe de sauce de soja épaisse

1 anis étoilé

1 cuil. à café de sucre

SI YAU GAI YIK
Ailes de poulet au soja

Rincer les ailes de poulet et sécher avec du papier absorbant. Dans une petite casserole, porter l'eau à ébullition, ajouter le poulet, les oignons verts et le gingembre, et porter de nouveau à ébullition.

Ajouter les ingrédients restants, couvrir et laisser mijoter 30 minutes.

Égoutter le poulet et servir chaud.

POUR 4 PERSONNES

2 cuil. à soupe d'huile d'arachide

2 oignons rouges, finement émincés

2 gousses d'ail, hachées

1 morceau de gingembre frais de 2,5 cm, coupé en lanières

225 g de filet de bœuf, coupé en fines lamelles

1 poivron vert, épépiné et émincé

150 g de pousses de bambou en boîte

115 g de pousses de soja

3 cuil. à soupe de pâte de curry rouge thaïlandaise

2 cuil. à soupe de coriandre fraîche hachée

brins de basilic thaïlandais

riz blanc, en accompagnement

PAHD NUEA
Sauté de bœuf

Dans un wok, chauffer l'huile, ajouter les oignons, l'ail et le gingembre, et faire revenir 1 minute. Ajouter les lamelles de bœuf et cuire à feu vif jusqu'à ce qu'elles soient uniformément dorées. Ajouter les légumes et la pâte de curry, et faire revenir 2 à 3 minutes, jusqu'à ce que le tout soit cuit.

Incorporer la coriandre et le basilic, et servir immédiatement, accompagné de riz blanc.

POUR 20 ROULEAUX

115 g de tofu ferme (poids égoutté)

3 cuil. à soupe d'huile d'arachide

1 cuil. à café d'ail finement haché

55 g de porc, coupé en lamelles

115 g de crevettes crues, décortiquées
et déveinées

½ petite carotte, coupée en julienne

55 g de pousses de bambou fraîches
ou en boîte, rincées et émincées
(cuire les pousses de bambou fraîches
30 minutes à l'eau bouillante)

115 g de chou, très finement ciselé

55 g de pois mange-tout, coupés
en julienne

1 œuf, cuit en omelette et coupée
en lanières

1 cuil. à café de sel

1 cuil. à café de sauce de soja claire

1 cuil. à café de vin de riz

1 pincée de poivre blanc

20 galettes de blé

sauce aux haricots noirs,
en accompagnement

CHUNG SIK YUT NAAM CHEUN GYUN

Rouleaux de porc aux crevettes

Couper le tofu en fines lamelles. Dans une poêle, chauffer 1 cuillerée à soupe d'huile, ajouter le tofu et faire revenir jusqu'à ce qu'il soit doré. Retirer de la poêle, couper en fins bâtonnets et réserver.

Dans un wok, chauffer l'huile restante ajouter l'ail et faire revenir jusqu'à ce que l'arôme se développe. Ajouter la viande et faire revenir 1 minute. Ajouter les crevettes et cuire encore 1 minute. Incorporer progressivement la carotte, les pousses de bambou, le chou, les pois mange-tout, le tofu et l'omelette, en remuant bien après chaque ajout. Saler et incorporer la sauce de soja, le vin de riz et le poivre. Faire revenir encore 1 minute et transférer dans une terrine.

Étaler une galette de blé, napper d'un peu de sauce aux haricots et disposer une cuillerée à café de garniture au centre. Rouler de façon hermétique et répéter l'opération avec les ingrédients restants.

CONSEIL
Mettre le tofu au congélateur un peu avant d'entamer la préparation du plat de sorte qu'il soit plus facile à manipuler.

POUR 4 À 6 PERSONNES

2 tomates

¼ de cuil. à café de coriandre
  en poudre

¼ de cuil. à café de cumin en poudre

¼ de cuil. à café de garam masala

1 oignon, très finement haché

200 g de concombres, épépinés
  et coupés en dés

250 g de petites crevettes cuites,
  décortiquées

3 cuil. à soupe de coriandre fraîche
  hachée

sel

ACCOMPAGNEMENT

6 à 8 pooris

quartiers de citron

MASALA JHINGA AUR KAKDI

Crevettes épicées au concombre

Porter une casserole d'eau à ébullition. Pratiquer une incision en croix à la base des tomates, plonger dans l'eau bouillante et blanchir 1 minute. Égoutter, immerger dans de l'eau glacée et monder. Couper les tomates en deux, épépiner et concasser la chair.

Dans une petite poêle, faire griller à sec la coriandre, le cumin et le garam masala 15 secondes à feu moyen à vif, ajouter l'oignon et faire revenir encore 2 minutes sans cesser de remuer. La préparation doit être très sèche.

Ajouter les tomates et les concombres, et faire revenir 2 minutes. Incorporer les crevettes et faire revenir encore 2 minutes, jusqu'à ce qu'elles soient chaudes. Ajouter la coriandre fraîche et saler.

Servir chaud ou à température ambiante avec des pooris et des quartiers de citron.

Variante

Pour une variante plus colorée et rafraîchissante, remplacer le concombre par de la mangue et servir glacé.

POUR 4 PERSONNES

175 g de petite friture

1 cuil. à soupe d'huile d'arachide

1 gros piment vert frais

2 gouttes d'huile de sésame

1 cuil. à soupe de sauce de soja claire

1 pincée de sel

1 pincée de sucre

1 gousse d'ail, finement hachée

LAAT MEI BAAT FAAN YU

Petite friture au piment vert

Porter une casserole d'eau à ébullition, ajouter la friture et cuire 30 secondes à 2 minutes, jusqu'à ce que la chair soit tendre sans se déliter. Égoutter, laisser refroidir et réserver.

Pour la sauce, chauffer l'huile dans une petite casserole jusqu'à ce qu'elle soit fumante, ajouter le piment et cuire jusqu'à ce que la peau soit plissée. Monder le piment, hacher finement et laisser refroidir. Mettre dans une terrine et incorporer les ingrédients restants.

Napper la petite friture de sauce et servir immédiatement.

CONSEIL
La petite friture a tendance à coller et à se déliter rapidement. Procéder délicatement.

POUR 4 PERSONNES

450 g de filets de poisson à chair blanche, sans la peau, coupés en cubes

1 blanc d'œuf

2 feuilles de lime kaffir, ciselées

1 cuil. à soupe de pâte de curry verte

55 g de haricots verts, finement hachés

1 piment rouge frais, épépiné et finement haché

1 botte de coriandre fraîche, hachée

huile d'arachide, pour la cuisson

1 piment vert frais, épépiné et coupé en rondelles, en garniture

SAUCE

115 g de sucre en poudre

1½ cuil. à soupe d'eau

3 cuil. à soupe de vinaigre de vin blanc

1 petite carotte, coupée en julienne

1 morceau de concombre de 5 cm, pelé, épépiné et coupé en fins bâtonnets

THOT MAN PLA
Croquettes de poisson

Mettre le poisson dans un robot de cuisine, ajouter le blanc d'œuf, les feuilles de lime kaffir et la pâte de curry, et mixer jusqu'à obtention d'une consistance homogène. Transférer dans une terrine et incorporer les haricots verts, le piment rouge et la coriandre.

Les mains mouillées, façonner des croquettes d'environ 5 cm de diamètre. Répartir dans un grand plat sans les superposer et mettre au réfrigérateur 20 minutes.

Pour la sauce, mettre le sucre dans une casserole, ajouter l'eau et le vinaigre, et chauffer à feu doux sans cesser de remuer, jusqu'à ce que le sucre soit dissous. Ajouter la carotte et le concombre, retirer du feu et laisser refroidir.

Dans une poêle, chauffer de l'huile, ajouter les croquettes et faire revenir jusqu'à ce qu'elles soient uniformément dorées. Égoutter sur du papier absorbant et servir chaud ou froid, accompagné de sauce et garni de rondelles de piment.

POUR 20 BEIGNETS

350 g de chair de crabe blanche en boîte,
    égouttée

1 piment rouge frais, épépiné et haché

4 oignons verts, finement émincés

1 cuil. à soupe de pâte de curry rouge

jus d'un demi-citron vert

½ cuil. à café de sel

20 carrés de pâte à wontons

huile d'arachide, pour la friture

SAUCE

4½ cuil. à soupe de sucre en poudre

2 cuil. à soupe d'eau

2 cuil. à soupe de vinaigre de vin de riz

3 morceaux de gingembre en saumure,
    coupés en lamelles

1 cuil. à soupe de sirop de gingembre

52

PUE HAO
Beignets de crabe

Dans une terrine, mettre la chair de crabe, ajouter le piment, les oignons verts et la pâte de curry, et bien mélanger le tout. Incorporer le jus de citron vert et le sel.

Déposer une portion de garniture au centre d'un carré de pâte à wontons, humecter les bords du carré et rouler de façon à obtenir un beignet en forme de cigare. Répéter l'opération avec les carrés de pâte restants.

Dans un wok, chauffer l'huile, ajouter quelques beignets et faire frire jusqu'à ce qu'ils soient dorés. Égoutter sur du papier absorbant et répéter l'opération avec les beignets restants.

Dans une petite casserole, mettre tous les ingrédients de la sauce et chauffer à feu doux jusqu'à ce que le sucre soit dissous. Servir chaud en accompagnement des beignets.

Viandes et volailles

POUR 4 À 6 PERSONNES

400 g de tomates concassées en boîte

300 ml de crème fraîche épaisse

8 découpes de poulet tandoori cuites

brins de coriandre fraîche, en garniture

TIKKA MASALA

2 cuil. à soupe de beurre clarifié
   ou d'huile d'arachide

1 grosse gousse d'ail, finement hachée

1 piment rouge frais, épépiné et haché

2 cuil. à café de cumin en poudre

2 cuil. à café de paprika en poudre

½ cuil. à café de sel

poivre noir

MURGH TIKKA MAKHANI
Poulet tikka masala

Pour le tikka masala, faire fondre le beurre clarifié ou chauffer l'huile dans une poêle à feu moyen, ajouter l'ail et le piment, et faire revenir 1 minute. Incorporer le cumin, le paprika et le sel, poivrer selon son goût, et faire revenir encore 30 secondes.

Incorporer la crème fraîche et les tomates avec leur jus, réduire le feu et laisser mijoter 10 minutes en remuant souvent, jusqu'à ce que la sauce réduise et épaississe.

Désosser les découpes de poulet, retirer la peau et couper la chair en cubes.

Rectifier l'assaisonnement de la sauce, ajouter le poulet et couvrir. Laisser mijoter 3 à 5 minutes, jusqu'à ce que le poulet soit bien chaud. Garnir de coriandre et servir.

CONSEIL

Ce célèbre plat asiatique était à l'origine préparé dans les restaurants anglais pour utiliser les restes de poulet tandoori. À défaut de préparer le poulet tandoori soi-même, il est possible de s'en procurer prêt à l'emploi dans les grandes surfaces ou dans les restaurants asiatiques proposant des plats à emporter.

POUR 4 PERSONNES

350 g de blancs de poulet, sans la peau

quelques gouttes d'huile de sésame

2 cuil. à soupe de pâte de sésame

1 cuil. à soupe de sauce de soja claire

1 cuil. à soupe de bouillon de poulet

½ cuil. à café de sel

1 pincée de sucre

ACCOMPAGNEMENT

8 cuil. à soupe de feuilles de laitue
ciselées

1 cuil. à soupe de graines de sésame
grillées

58 PANG PANG GAI

Poulet bang bang

Dans une casserole d'eau froide, mettre le poulet, porter à ébullition et laisser mijoter 8 à 10 minutes. Égoutter, laisser tiédir et couper en lanières.

Mélanger l'huile de sésame, la pâte de sésame, la sauce de soja, le bouillon, le sel et le sucre, battre jusqu'à obtention d'une sauce épaisse et homogène, et incorporer le poulet.

Répartir la laitue sur un plat de service, ajouter le poulet et la sauce, et parsemer de graines de sésame. Servir à température ambiante.

POUR 4 À 6 PERSONNES

4 cuil. à soupe de beurre clarifié
   ou d'huile d'arachide

8 pilons de poulet, désossés,
   sans la peau, coupés en cubes

1 gros oignon, haché

2 cuil. à soupe de pâte de gingembre
   et d'ail

2 poivrons verts, épépinés et hachés

1 gros piment vert frais, épépiné
   et finement haché

1 cuil. à café de cumin en poudre

1 cuil. à café de coriandre en poudre

¼ à ½ cuil. à café de poudre de piment

½ cuil. à café de curcuma en poudre

¼ de cuil. à café de sel

400 g de tomates concassées en boîte

125 ml d'eau

coriandre fraîche hachée, en garniture

MURGH JALFREZI
Poulet jalfrezi

Dans une grande poêle, faire fondre la moitié du beurre clarifié à feu moyen à vif, ajouter le poulet et faire revenir 5 minutes, jusqu'à ce qu'il soit doré. Retirer de la poêle à l'aide d'une écumoire et réserver.

Faire fondre le beurre clarifié restant dans la poêle, ajouter l'oignon et cuire 5 à 8 minutes en remuant souvent, jusqu'à ce qu'il soit doré. Incorporer la pâte de gingembre et d'ail, et cuire encore 2 minutes en remuant souvent.

Ajouter les poivrons dans la poêle et faire revenir 2 minutes.

Incorporer le piment, le cumin, la coriandre, la poudre de piment, le curcuma et le sel, ajouter les tomates avec leur jus et mouiller avec l'eau. Porter à ébullition.

Réduire le feu, ajouter le poulet et laisser mijoter 10 minutes sans couvrir en remuant souvent, jusqu'à ce que les poivrons soient tendres et que le poulet soit bien cuit. Parsemer de coriandre hachée et servir immédiatement.

VARIANTE
Pour un plat plus consistant, ajouter 400 g de pommes de terre nouvelles concassées avec les tomates et l'eau, porter à ébullition et réduire le feu. Laisser mijoter 5 minutes avant d'ajouter le poulet.

POUR 4 PERSONNES

3 blancs de poulet, sans la peau
et désossés, coupés en cubes

jus d'un citron vert

1 morceau de gingembre frais de 2,5 cm,
pelé et haché

1 piment rouge frais, épépiné et coupé
en rondelles

2 cuil. à soupe d'huile d'arachide

1 oignon, coupé en rondelles

2 gousses d'ail, hachées

1 aubergine, coupée en morceaux

2 courgettes, coupées en rondelles
épaisses

1 poivron rouge, épépiné et coupé en dés

2 cuil. à soupe de pâte de curry rouge

2 cuil. à soupe de sauce de soja
thaïlandaise

1 cuil. à soupe de sucre roux

quelques brins de coriandre fraîche

riz blanc agrémenté de coriandre fraîche
hachée

KEBAB GAI KHING
Brochettes de poulet au gingembre

Mettre le poulet dans une terrine peu profonde. Mélanger le citron vert, le gingembre et le piment, ajouter dans la terrine et mélanger. Couvrir, mettre au réfrigérateur et laisser mariner 3 heures.

Faire tremper des brochettes en bois 45 minutes dans de l'eau. Cette opération permet d'éviter que les brochettes ne brûlent à la cuisson.

Piquer les morceaux de poulet sur les brochettes et passer au gril préchauffé 3 à 4 minutes en retournant souvent, jusqu'à ce que le poulet soit bien cuit.

Dans un wok, chauffer l'huile, ajouter l'oignon et l'ail, et faire revenir 1 à 2 minutes, jusqu'à ce qu'ils soient tendres, sans laisser brunir. Ajouter l'aubergine, les courgettes et le poivron, et cuire 3 à 4 minutes, jusqu'à ce qu'ils soient cuits mais toujours croquants. Incorporer la pâte de curry, la sauce de soja et le sucre, et faire revenir encore 1 minute.

Servir chaud accompagné de riz à la coriandre et garni de brins de coriandre fraîche.

POUR 4 PERSONNES

225 g de riz au jasmin

3 blancs de poulet, désossés
 et sans la peau, coupés en cubes

400 ml de lait de coco en boîte

3 à 4 cuil. à soupe de crème de coco

2 à 3 racines de coriandre, hachées

zeste finement râpé d'un citron

1 piment vert frais, épépiné et haché

3 feuilles de basilic thaïlandais frais

1 cuil. à soupe de nuoc-mam

1 cuil. à soupe d'huile d'arachide

3 œufs, battus

GARNITURE

longs brins de ciboulette fraîche

quelques brins de coriandre fraîche

KHAO PHAT GAI SAI KHAI
Poulet au riz frit

Cuire le riz 12 à 15 minutes à l'eau bouillante, égoutter et laisser refroidir. Couvrir de film alimentaire et mettre au réfrigérateur une nuit.

Dans une casserole, mettre le poulet, couvrir de lait de coco et ajouter la crème de coco, les racines de coriandre, le zeste de citron et le piment. Porter à ébullition et laisser mijoter 8 à 10 minutes, jusqu'à ce que le poulet soit tendre. Retirer du feu et incorporer le basilic et le nuoc-mam.

Dans un wok, chauffer l'huile, ajouter le riz et faire revenir 2 à 3 minutes. Ajouter les œufs et cuire sans cesser de remuer jusqu'à ce qu'ils soient bien incorporés au riz. Chemiser 4 ramequins de film alimentaire, garnir de riz et démouler délicatement sur des assiettes. Retirer le film alimentaire et garnir de ciboulette et de coriandre. Ajouter le poulet et servir.

POUR 6 À 10 PERSONNES

1 canard de 2 kg

1,5 l d'eau bouillante

1 cuil. à soupe de miel

1 cuil. à soupe de vin de riz

1 cuil. à café de vinaigre de vin de riz

1 concombre, pelé, épépiné
et coupé en julienne

10 oignons verts, parties blanches
seules, ciselés

30 galettes de blé

sauce aux prunes, en accompagnement

BAK GING TIN NGAAP
Canard à la pékinoise

Pour préparer le canard, masser la peau de façon à la détacher de la chair.

Dans une grande casserole, verser l'eau bouillante, ajouter le miel, le vin de riz et le vinaigre de vin de riz, et immerger le canard dans le mélange. Cuire 1 minute sans cesser d'arroser, égoutter et laisser sécher quelques heures à une nuit.

Préchauffer le four à 200 °C (th. 6-7). Placer la canard sur une grille disposée au-dessus d'une lèchefrite et cuire 1 heure, jusqu'à ce que la peau soit très croustillante et la chair bien cuite.

Apporter le canard sur la table avec le concombre, les oignons verts et les galettes. Chaque convive pourra garnir une crêpe de canard, de concombre et d'oignons verts, napper de sauce et rouler la galette.

POUR 4 PERSONNES

4 tomates

1 cuil. à soupe d'huile d'arachide

2 magrets, avec la peau

1 oignon, émincé

2 gousses d'ail, hachées

1 poivron rouge, épépiné et coupé en lanières

1 poivron vert, épépiné et coupé en lanières

1 poivron jaune, épépiné et coupé en lanières

150 ml de bouillon

3 cuil. à soupe de sauce de soja thaïlandaise

nouilles, en garniture

PED KUB PHRIK THAI

Canard aux poivrons

Porter une casserole d'eau à ébullition. Pratiquer une incision en croix à la base de chaque tomate, plonger dans l'eau bouillante et laisser tremper 1 minute. Égoutter, immerger dans de l'eau glacée et monder. Épépiner et concasser la chair.

Dans un wok, chauffer l'huile, ajouter les magrets côté peau vers le bas et cuire à feu vif jusqu'à ce que la peau soit croustillante et dorée. Retourner les magrets et cuire jusqu'à ce qu'ils soient cuits à cœur. Retirer du wok et réserver au chaud.

Ôter l'excédent de graisse du wok, ajouter l'oignon et l'ail, et faire revenir 2 à 3 minutes, jusqu'à ce qu'ils soient tendres et légèrement dorés.

Ajouter les poivrons et faire revenir 2 à 3 minutes, jusqu'à ce qu'ils soient juste tendres. Ajouter les tomates, mouiller avec le bouillon et la sauce de soja, et laisser mijoter 1 à 2 minutes. Transférer sur un plat de service. Couper les magrets en tranches, répartir sur les poivrons et napper de sauce. Servir immédiatement, accompagné de nouilles.

POUR 4 PERSONNES

280 g de steak, coupé en lanières

225 g de nouilles aux œufs

2 cuil. à soupe d'huile d'arachide

1 oignon, finement émincé

1 poivron vert, épépiné et coupé
  et lamelles

140 g de pousses de soja, parées

1 cuil. à café de sel

1 pincée de sucre

2 cuil. à café de vin de riz

2 cuil. à soupe de sauce de soja claire

1 cuil. à soupe de sauce de soja épaisse

1 cuil. à soupe d'oignons verts ciselés

MARINADE

1 cuil. à café de sauce de soja claire

1 trait d'huile de sésame

½ cuil. à café de vin de riz

1 pincée de poivre blanc

NGAU YUK CHAAU MIN
Bœuf chow mein

Dans une terrine, mettre tous les ingrédients de la marinade, ajouter le bœuf et mélanger. Laisser mariner 20 minutes.

Cuire les nouilles selon les instructions figurant sur le paquet, rincer à l'eau courante et égoutter.

Dans un wok, chauffer l'huile, ajouter la viande et faire revenir 1 minute, jusqu'à ce qu'elle ait changé de couleur. Ajouter l'oignon et cuire encore 1 minute. Incorporer le poivron et les pousses de soja, et faire revenir jusqu'à ce que le jus se soit évaporé. Ajouter le sel, le sucre, le vin de riz et les sauces de soja, incorporer les nouilles et faire revenir 1 minute. Ajouter les oignons verts et servir immédiatement.

VARIANTE
Il est possible de faire frire les nouilles après leur cuisson.

POUR 4 À 6 PERSONNES

1 ou 2 piments rouges séchés

2 cuil. à café de coriandre en poudre

2 cuil. à café de curcuma en poudre

1 cuil. à café de graines de moutarde noire

½ cuil. à café de gingembre en poudre

¼ de cuil. à café de poivre

140 g de crème de coco, râpée et délayée dans 300 ml d'eau bouillante

4 cuil. à soupe de beurre clarifié ou d'huile d'arachide

2 oignons, hachés

3 grosses gousses d'ail, hachées

700 g de bœuf à braiser, coupé en cubes de 5 cm

250 ml de bouillon de bœuf, un peu plus si nécessaire

jus de citron

sel

brins de coriandre fraîche, en garniture

MADRASI GOSHT

Bœuf de Madras

Hacher les piments en épépinant éventuellement pour un plat moins relevé. Mettre dans une terrine, ajouter la coriandre, le curcuma, les graines de moutarde, le gingembre et le poivre, et incorporer assez de crème de coco pour obtenir une pâte fluide.

Dans une cocotte, faire fondre le beurre clarifié à feu moyen à vif, ajouter les oignons et l'ail, et cuire 5 à 8 minutes en remuant souvent, jusqu'à ce qu'ils soient dorés. Ajouter la préparation précédente et faire revenir 2 minutes, jusqu'à ce que les arômes se développent.

Ajouter la viande, mouiller avec le bouillon et porter à ébullition. Réduire le feu, couvrir hermétiquement et cuire 1 h 30, jusqu'à ce que le bœuf soit tendre. Vérifier régulièrement que la viande n'attache pas et mouiller éventuellement avec un peu de bouillon supplémentaire.

Retirer le couvercle de la cocotte, ajouter la crème de coco restante et le jus de citron, et saler selon son goût. Porter à ébullition sans cesser de remuer, réduire le feu et laisser mijoter jusqu'à ce que la sauce réduise légèrement. Servir chaud, garni de coriandre fraîche.

VARIANTE

Ce plat peut être préparé sans piment mais agrémenté de copeaux de noix de coco grillés.

POUR 4 PERSONNES

450 g de steak, coupé en lanières

1 tête de brocoli, séparée en fleurettes

2 cuil. à soupe d'huile d'arachide

1 oignon, finement émincé

2 branches de céleri, émincées en biais

225 g de pois mange-tout, coupés en deux
   dans la longueur

55 g de pousses de bambou fraîches
   ou en boîte, rincées et coupées en julienne
   (les pousses fraîches doivent être cuites
   30 minutes à l'eau bouillante)

8 châtaignes d'eau, finement émincées

225 g de champignons, finement émincés

1 cuil. à soupe de sauce d'huître

1 cuil. à café de sel

riz blanc, en accompagnement

MARINADE

1 cuil. à soupe de vin de riz

1 pincée de poivre blanc

1 pincée de sel

1 cuil. à soupe de sauce de soja claire

½ cuil. à café d'huile de sésame

74

JAAP SEUI NGAU YUK

Bœuf chop suey

Dans une terrine, mettre tous les ingrédients de la marinade, ajouter la viande et laisser mariner 20 minutes. Blanchir le brocoli 30 secondes à l'eau bouillante, égoutter et réserver.

Dans un wok, chauffer 1 cuillerée à soupe d'huile, ajouter la viande et faire revenir jusqu'à ce qu'elle ait changé de couleur. Retirer du wok et réserver.

Nettoyer le wok, chauffer l'huile restante, ajouter l'oignon et faire revenir 1 minute. Ajouter le céleri et le brocoli, et cuire 2 minutes. Ajouter les pois mange-tout, les pousses de bambou, les châtaignes d'eau et les champignons, et cuire 1 minute. Ajouter la viande, la sauce d'huître et le sel, mélanger et servir immédiatement, accompagné de riz blanc.

CONSEIL

La plupart des restaurants utiliseraient de la maïzena pour épaissir la sauce. Ce plat doit être consommé immédiatement, à peine le liquide évaporé du wok.

POUR 4 PERSONNES

1 cuil. à soupe d'huile d'arachide

1 gros piment séché, épépiné et coupé en trois

½ cuil. à café de poivre du Sichuan

100 g de viande de bœuf hachée

2 cuil. à café de sauce de soja claire

300 g de nouilles fines

1 cuil. à soupe de cacahuètes grillées, hachées

SAUCE

1 cuil. à soupe de légumes en saumure

½ cuil. à café de grains de poivre du Sichuan, grillés et concassés

100 ml de bouillon de poulet

1 cuil. à café de vinaigre chinois noir

1 cuil. à café d'huile pimentée

1 cuil. à café de sauce de soja épaisse

1 cuil. à soupe de sauce de soja claire

1 cuil. à soupe de pâte de sésame

quelques gouttes d'huile de sésame

2 oignons verts, finement hachés

DAAM DAAM MIN
Dan dan mian

Dans un wok, chauffer l'huile, ajouter le piment, le poivre et la viande, et faire revenir jusqu'à ce que la viande change de couleur. Incorporer la sauce de soja et cuire jusqu'à ce que la viande soit uniformément dorée.

Mélanger les ingrédients de la sauce et répartir dans 4 bols.

Cuire les nouilles selon les instructions figurant sur le paquet, égoutter et répartir dans les bols.

Garnir de la préparation à base de viande, parsemer de cacahuètes hachées et servir immédiatement. Bien mélanger avant de consommer.

CONSEIL
Ajouter davantage de bouillon pour obtenir plus de sauce.

POUR 4 PERSONNES

450 g de tofu (poids égoutté)

2 cuil. à soupe d'huile d'arachide

1 cuil. à café de poivre du Sichuan

100 g de viande de bœuf hachée

2 cuil. à soupe de sauce aux haricots

1 cuil. à café de haricots noirs fermentés, rincés et légèrement écrasés

100 ml de bouillon de poulet chaud

1 pincée de sucre

1 cuil. à café de sauce de soja claire

1 pincée de sel

2 cuil. à soupe d'oignons verts, finement émincés en biais

MA PO DAU FU
Sauté de bœuf au tofu

Couper le tofu en cubes de 2 cm et mettre dans une grande casserole. Couvrir d'eau bouillante et laisser reposer.

Dans un wok, chauffer l'huile jusqu'à ce qu'elle soit presque fumante, ajouter le poivre du Sichuan et faire revenir jusqu'à ce que les arômes se développent. Ajouter la viande et faire revenir jusqu'à ce qu'elle soit dorée et croustillante.

Réduire le feu, ajouter la sauce aux haricots et les haricots noirs, et faire revenir 30 secondes, jusqu'à ce que l'huile soit bien rouge.

Mouiller avec le bouillon chaud, ajouter le tofu égoutté et incorporer le sucre, la sauce de soja et le sel. Laisser mijoter 5 minutes.

Incorporer les oignons verts, transférer dans un grand plat de service ou dans 4 bols, et servir immédiatement.

POUR 4 PERSONNES

450 g de travers de porc, coupés
   en cubes

huile d'arachide, pour la cuisson

MARINADE

2 cuil. à café de sauce de soja claire

½ cuil. à café de sel

1 pincée de poivre blanc

SAUCE

3 cuil. à soupe de vinaigre de vin de riz

2 cuil. à soupe de sucre

1 cuil. à soupe de sauce de soja claire

1 cuil. à soupe de ketchup

1½ cuil. à soupe d'huile d'arachide

1 poivron vert, épépiné et haché

1 petit oignon, concassé

1 petite carotte, coupée en fines rondelles

½ cuil. à café d'ail finement haché

½ cuil. à café de gingembre frais haché

100 g de dés d'ananas

TONG CHOU PAAI GWAT

Travers de porc à l'aigre-douce

Dans une terrine, mélanger les ingrédients de la marinade, ajouter les travers de porc et laisser mariner au moins 20 minutes.

Dans un wok, chauffer de l'huile à 180 °C – un dé de pain doit y dorer en 30 secondes. Faire frire les travers de porc 8 minutes, égoutter et réserver.

Pour la sauce, mélanger le vinaigre, le sucre, la sauce de soja et le ketchup, et réserver.

Dans un wok, chauffer 1 cuillerée à soupe d'huile, ajouter le poivron, l'oignon et la carotte, et faire revenir 2 minutes. Retirer du wok et réserver.

Nettoyer le wok, chauffer l'huile restante, ajouter l'ail et le gingembre, et faire revenir jusqu'à ce que les arômes se développent. Ajouter la sauce, porter à ébullition, ajouter l'ananas, la viande et le mélange à base de légumes, et faire revenir jusqu'à ce que le tout soit bien chaud. Servir immédiatement.

CONSEIL

Ce plat est généralement préparé avec de l'ananas en boîte mais l'ananas frais confère également une saveur intéressante.

POUR 4 PERSONNES

8 cuil. à soupe d'huile d'arachide

115 g de vermicelle de riz

4 tranches de porc épaisses

1 oignon rouge, émincé

2 gousses d'ail, hachées

1 morceau de gingembre frais de 2,5 cm, finement émincé

1 gros piment rouge frais, épépiné et haché

115 g de mini-épis de maïs, coupés en deux dans la longueur

1 poivron rouge, épépiné et émincé

175 g de brocoli, coupé en fleurettes

150 g de sauce aux haricots noirs

115 g de pousses de soja

PUD PUK SAI MOO
Sauté de porc aux légumes

Dans un wok, chauffer l'huile, ajouter une portion du vermicelle et faire frire 15 à 20 secondes, jusqu'à ce qu'il ait gonflé. Retirer du wok à l'aide d'une écumoire, égoutter sur du papier absorbant et réserver. Répéter l'opération avec le vermicelle restant.

Ôter l'huile du wok en y laissant 2 cuillerées à soupe d'huile, ajouter la viande, l'oignon, l'ail, le gingembre et le piment, et faire revenir 4 à 5 minutes, jusqu'à ce que la viande soit dorée.

Ajouter les mini-épis de maïs, le poivron et le brocoli, et faire revenir 3 à 4 minutes, jusqu'à ce que les légumes soient juste tendres. Incorporer la sauce aux haricots et les pousses de soja, et cuire encore 2 à 3 minutes. Servir immédiatement, garni de vermicelle frit.

POUR 16 WONTONS

350 g de viande de porc hachée

2 cuil. à soupe de coriandre fraîche
finement hachée

1 gousse d'ail, hachée

1 piment vert frais, épépiné et haché

3 cuil. à soupe de maïzena

1 blanc d'œuf

½ cuil. à café de sel

16 carrés de pâte à wontons

1 cuil. à soupe d'eau

huile d'arachide, pour la friture

sauce au piment,
en accompagnement

MOO KROB
Wontons au porc

Dans une terrine, mettre la viande hachée, ajouter la coriandre, l'ail, le piment, 1 cuillerée à soupe de maïzena, le blanc d'œuf et le sel, et mélanger jusqu'à obtention d'une consistance homogène. Les mains mouillées, façonner 16 boulettes.

Déposer une boulette de garniture au centre de chaque carré de pâte à wontons. Délayer la maïzena restante dans 1 cuillerée à soupe d'eau et enduire les bords des carrés de pâte avec la pâte obtenue. Façonner la moitié des carrés de pâte à wontons en forme de bourse et la moitié restante en triangles.

Répartir les beignets en une seule couche dans un panier à étuver en bambou et cuire à la vapeur 10 à 15 minutes, jusqu'à ce que la viande soit bien cuite.

Dans un wok, chauffer l'huile à 180 °C – un dé de pain doit y dorer en 30 secondes. Plonger les wontons dans l'huile et faire frire 2 à 3 minutes, jusqu'à ce qu'ils soient dorés et croustillants. Égoutter sur du papier absorbant et servir chaud, accompagné de sauce au piment.

POUR 4 PERSONNES

280 g de filet de porc

1 cuil. à soupe d'huile d'arachide

1 cuil. à soupe de sauce aux haricots

1 cuil. à soupe de haricots noirs
   fermentés, rincés et concassés

1 cuil. à café de sucre

1 cuil. à café de sauce de soja
   épaisse

1 pincée de poivre blanc

1 poivron vert, épépiné et émincé

1 poivron rouge, épépiné et émincé

WUI WO YUK
Porc épicé du Sichuan

Porter une casserole d'eau à ébullition, ajouter la viande et couvrir. Laisser mijoter 20 minutes en écumant la surface régulièrement. Laisser reposer et couper en lanières.

Dans un wok, chauffer l'huile, ajouter les lanières de porc et faire revenir jusqu'à ce qu'elles commencent à rétrécir. Ajouter la sauce aux haricots, les haricots noirs, le sucre, la sauce de soja et le poivre blanc, remuer et incorporer les poivrons. Faire revenir encore 2 minutes.

CONSEIL
Il est possible de remplacer les poivrons par de l'ail chinois. Utiliser 2 branches d'ail chinois et émincer finement en biais.

POUR 4 PERSONNES

1 cuil. à soupe d'huile d'arachide

1 cuil. à soupe d'huile pimentée

450 g de filets de porc, coupés en lanières

2 cuil. à soupe de sauce au piment vert

6 oignons verts, émincés

1 morceau de gingembre frais de 2,5 cm, émincé

1 poivron vert, épépiné et émincé

1 poivron jaune, épépiné et émincé

1 poivron orange, épépiné et émincé

1 cuil. à soupe de nuoc-mam

2 cuil. à soupe de sauce de soja thaïlandaise

jus d'un demi-citron vert

4 cuil. à soupe de persil frais haché

nouilles de riz plates, en accompagnement

PUD MOO PHRIK-THAI
Porc aux poivrons

Dans un wok, chauffer les huiles, ajouter la viande et faire revenir jusqu'à ce qu'elle soit uniformément dorée. Retirer du wok à l'aide d'une écumoire et réserver.

Ajouter la sauce au piment, les oignons verts et le gingembre dans le wok, et faire revenir 1 à 2 minutes. Ajouter les poivrons et faire revenir encore 2 à 3 minutes.

Remettre la viande dans le wok, mélanger et incorporer la sauce de soja, le nuoc-mam et le jus de citron vert. Cuire encore 1 à 2 minutes, incorporer le persil et servir accompagné de nouilles de riz plates.

POUR 4 PERSONNES

350 ml de yaourt nature

½ cuil. à café d'asa fœtida, délayée
dans 2 cuil. à soupe d'eau

700 g d'épaule d'agneau désossée, parée
et coupée en cubes de 5 cm

2 tomates, épépinées et concassées

1 oignon, haché

2 cuil. à soupe de beurre clarifié ou
d'huile d'arachide

1½ cuil. à soupe de pâte de gingembre
et d'ail

2 cuil. à soupe de concentré de tomates

2 feuilles de laurier frais, un peu plus
en garniture

1 cuil. à soupe de coriandre en poudre

¼ à 1 cuil. à café de poudre de piment

½ cuil. à café de curcuma en poudre

1 cuil. à café de sel

½ cuil. à café de garam masala

Rogan josh

Dans une terrine, mettre le yaourt, incorporer l'asa fœtida et ajouter l'agneau. Mélanger avec les mains et laisser mariner 30 minutes.

Dans un robot de cuisine, mettre les tomates et l'oignon, et mixer rapidement. Dans une cocotte, faire fondre le beurre clarifié, ajouter la pâte d'ail et de gingembre, et faire revenir jusqu'à ce que les arômes se développent.

Incorporer les tomates et l'oignon haché, le concentré de tomates, les feuilles de laurier, la coriandre, la poudre de piment et le curcuma, réduire le feu et laisser mijoter 5 à 8 minutes, en remuant de temps en temps.

Ajouter la viande et la marinade, saler et faire revenir 2 minutes. Couvrir, réduire le feu et laisser mijoter 30 minutes en remuant de temps en temps. La viande doit rendre assez de jus pour éviter que la préparation attache, mais il est possible d'ajouter un peu d'eau.

Saupoudrer de garam masala, couvrir et cuire encore 15 à 20 minutes, jusqu'à ce que la viande soit tendre. Rectifier l'assaisonnement, retirer du feu et servir garni de feuilles de laurier frais.

CONSEIL

Pour des saveurs plus authentiques, ajouter de la poudre de piment rouge de Kashmiri, vendue dans les épiceries asiatiques.

POUR 4 À 6 PERSONNES

4 gros oignons, 2 finement émincés
  et 2 grossièrement concassés

1½ cuil. à café de sel

2 cuil. à soupe de pâte d'ail
  et de gingembre

½ cuil. à café de paprika en poudre

2 cuil. à soupe de coriandre fraîche
  hachée

1 cuil. à soupe de coriandre en poudre

1 cuil. à café de cumin en poudre

½ cuil. à café d'asa fœtida

5 cuil. à soupe de beurre clarifié
  ou d'huile d'arachide

700 g d'épaule d'agneau désossée,
  coupée en cubes de 5 cm

4 gousses de cardamome

1 pincée de sucre

½ cuil. à café de garam masala

brins de coriandre fraîche, en garniture

GOSHT DOPIAZA
Agneau dopiaza

Dans une terrine, mettre les oignons émincés, saupoudrer d'une cuillerée à café de sel et laisser dégorger 5 minutes. Presser avec les mains de façon à exprimer l'excédent d'eau.

Dans un mortier, piler les oignons concassés avec la pâte d'ail et de gingembre, le paprika, la coriandre fraîche, la coriandre en poudre, le cumin et l'asa fœtida.

Dans une cocotte, faire fondre 2 cuillerées à soupe de beurre clarifié à feu moyen à vif, ajouter les oignons émincés et cuire 4 à 6 minutes sans cesser de remuer, jusqu'à ce qu'ils soient dorés. Retirer immédiatement de la cocotte. Les oignons continuent à dorer en refroidissant ; en les faisant cuire jusqu'à ce qu'ils soient bien bruns, ils développeraient un goût de brûlé.

Faire fondre 2 cuillerées à soupe de beurre clarifié dans la cocotte, ajouter l'agneau et cuire jusqu'à ce qu'il soit doré. Retirer de la cocotte.

Faire fondre le beurre clarifié restant dans la cocotte, ajouter la pâte à base d'oignon et cuire en remuant de temps en temps. Ajouter les gousses de cardamome et faire revenir. Remettre l'agneau dans la cocotte, ajouter le sucre et le sel restant, et réduire le feu. Couvrir et laisser mijoter 30 minutes.

Retirer le couvercle, garnir d'oignons émincés et saupoudrer de garam masala. Couvrir de nouveau et laisser mijoter encore 15 minutes, jusqu'à ce que l'agneau soit tendre. Rectifier l'assaisonnement, parsemer de coriandre et servir.

Poissons
et fruits de mer

POUR 4 PERSONNES

2 cuil. à soupe d'huile d'arachide

1 gros oignon, haché

2 gousses d'ail, hachées

85 g de champignons de Paris

225 g de lotte, coupée en cubes
de 2,5 cm

225 g de filets de saumon, coupés
en cubes de 2,5 cm

225 g de filets de cabillaud, coupés
en cubes de 2,5 cm

2 cuil. à soupe de pâte de curry rouge

400 g de lait de coco

3 à 4 cuil. à soupe de coriandre fraîche
hachée

1 cuil. à café de sucre roux

1 cuil. à café de nuoc-mam

115 g de nouilles de riz

3 oignons verts, hachés

55 g de pousses de soja

feuilles de basilic thaïlandais frais,
et quelques brins en garniture

GUAY TIAW KAENG PLA
Curry de poisson aux nouilles de riz

Dans un wok, chauffer l'huile, ajouter l'oignon, l'ail et les champignons, et cuire jusqu'à ce qu'ils soient tendres, sans laisser dorer.

Ajouter les poissons et la pâte de curry, mouiller avec le lait de coco et porter à ébullition à feu doux. Laisser mijoter 2 à 3 minutes, ajouter la moitié de la coriandre, le sucre roux et le nuoc-mam, mélanger et réserver.

Faire tremper les nouilles 3 à 4 minutes, jusqu'à ce qu'elles soient tendres, et égoutter dans une passoire. Placer la passoire contenant les nouilles au-dessus d'une casserole d'eau frémissante, ajouter les oignons verts, les pousses de soja et les feuilles de basilic, et cuire à la vapeur 1 à 2 minutes, jusqu'à ce que les feuilles de basilic commencent à flétrir.

Répartir les nouilles dans des assiettes et garnir de curry de poisson. Parsemer de coriandre restante, ajouter les brins de basilic et servir immédiatement.

POUR 4 À 6 PERSONNES

900 g de filets de poisson épais, lotte,
   vivaneau ou cabillaud par exemple,
   rincés et coupés en cubes

2 feuilles de laurier, ciselées

140 g de beurre clarifié
   ou 150 ml d'huile d'arachide

2 gros oignons, hachés

½ cuil. à soupe de sel

150 ml d'eau

brins de coriandre fraîche, en garniture

MARINADE

½ cuil. à soupe de pâte d'ail
   et de gingembre

1 piment vert frais, épépiné et haché

1 cuil. à café de coriandre en poudre

1 cuil. à café de cumin en poudre

½ cuil. à café de curcuma en poudre

¼ à ½ cuil. à café de poudre de piment

sel

1 cuil. à soupe d'eau

98

MACHCHLI MASALA
Curry de poisson balti

Pour la marinade, mélanger la pâte d'ail et de gingembre, le piment vert, la coriandre en poudre, le cumin, le curcuma et la poudre de piment, saler à volonté et incorporer progressivement l'eau de façon à obtenir une pâte fluide. Ajouter le poisson et les feuilles de laurier, mélanger et couvrir de film alimentaire. Mettre au réfrigérateur et laisser mariner 30 minutes à 4 heures.

Retirer le poisson du réfrigérateur et laisser revenir à température ambiante 15 minutes. Dans un wok, faire fondre le beurre clarifié à feu moyen à vif, ajouter les oignons et saupoudrer de sel. Cuire 8 minutes en remuant souvent, jusqu'à ce qu'ils soient tendres et dorés.

Ajouter délicatement le poisson avec la marinade et les feuilles de laurier, mouiller avec l'eau et porter à ébullition. Réduire immédiatement le feu et cuire 4 à 5 minutes en remuant délicatement de temps en temps. Rectifier l'assaisonnement, retirer du feu et jeter les feuilles de laurier. Parsemer de brins de coriandre et servir.

CONSEIL
Veiller à ne pas trop laisser brunir les oignons de façon à éviter que le plat ne prenne un goût amer.

POUR 4 PERSONNES

4 filets de lotte d'environ 115 g chacun

2 cuil. à soupe de maïzena

6 cuil. à soupe d'huile d'arachide

4 gousses d'ail, hachées

2 gros piments rouges frais, épépinés
et émincés

2 cuil. à café de sucre roux

jus de 2 citrons verts

zeste râpé d'un citron vert

ACCOMPAGNEMENT

riz blanc

quartiers de citron vert

YUM PLA

Lotte au citron vert et au piment

Passer les filets de lotte dans la maïzena et secouer de façon à ôter l'excédent. Dans un wok, chauffer l'huile, ajouter les filets de poisson et cuire jusqu'à ce qu'ils soient uniformément dorés et bien cuit, en veillant à ne pas briser la chair.

Retirer le poisson du wok et réserver. Mettre l'ail et les piments dans le wok et faire revenir 1 à 2 minutes, jusqu'à ce qu'ils soient tendres.

Ajouter le sucre roux, le jus de citron vert, le zeste et 2 à 3 cuillerées à soupe d'eau, porter à ébullition et laisser mijoter 1 à 2 minutes. Napper le poisson de la préparation obtenue et servir immédiatement accompagné de riz blanc et de quartiers de citron vert.

POUR 4 À 6 PERSONNES

½ cuil. à café de sel

2 cuil. à soupe de jus de citron
   ou de vinaigre blanc

700 g de filets de poisson à chair blanche,
   cabillaud ou lotte par exemple, rincés,
   séchés et coupés en cubes

huile d'arachide, pour la friture

poivre

quartiers de citron, en accompagnement

PÂTE

140 g de farine de pois chiches

graines de 4 gousses de cardamome

1 bonne pincée de curcuma en poudre

1 bonne pincée de bicarbonate

zeste finement râpé d'un citron

175 ml d'eau

sel et poivre

MACHCHLI PAKORA
Pakoras de poisson

Mélanger le sel et le jus de citron, poivrer à volonté et enrober les cubes de poisson du mélange obtenu. Mettre dans une terrine non métallique et laisser mariner 20 à 30 minutes.

Pour la pâte, mettre la farine de pois chiches dans une terrine, incorporer les graines de cardamome, le curcuma, le bicarbonate et le zeste de citron, saler et poivrer. Creuser un puits au centre, verser l'eau dans le puits et mélanger jusqu'à obtention d'une pâte fluide et crémeuse.

Incorporer délicatement les morceaux de poisson à la pâte en veillant à ne pas les briser.

Dans un wok, chauffer de l'huile à 180 °C – un dé de pain doit y brunir en 30 secondes. Retirer les morceaux de poisson de la pâte en laissant égoutter l'excédent. Plonger quelques morceaux dans l'huile et faire frire 2 min 30 à 3 minutes, jusqu'à ce qu'ils soient dorés.

Retirer de l'huile à l'aide d'une écumoire et égoutter sur du papier absorbant froissé. Répéter l'opération avec les morceaux de poisson restants et servir chaud accompagné de quartiers de citron.

CONSEIL

La pâte peut être préparée à l'avance et réservée, couverte de film alimentaire. Mélanger avant utilisation et incorporer éventuellement un peu d'eau si la pâte est devenue trop épaisse. Si la pâte reste trop épaisse, elle ne cuira pas à l'intérieur du beignet.

POUR 4 PERSONNES

450 g de lotte ou de cabillaud, coupés
   en cubes

225 g de filets de saumon, coupés
   en cubes

115 g de nouilles de riz larges

2 cuil. à soupe d'huile d'arachide

2 échalotes, émincées

2 gousses d'ail, finement hachées

1 piment rouge frais, épépiné et haché

2 cuil. à soupe de sauce au piment

2 cuil. à soupe de sauce de soja
   thaïlandaise

brins de coriandre fraîche,
   en garniture

MARINADE

2 cuil. à soupe d'huile d'arachide

2 piments verts frais, épépinés
   et hachés

zeste et jus d'un citron vert

1 cuil. à soupe de nuoc-mam

GUAY TIAW PLA

Sauté de nouilles de riz et poisson mariné

Mettre les poissons dans une terrine peu profonde. Mélanger les ingrédients de la marinade, ajouter dans la terrine et mélanger. Couvrir de film alimentaire, mettre au réfrigérateur et laisser mariner 2 heures.

Mettre les nouilles dans une autre terrine, couvrir d'eau bouillante et laisser reposer 8 à 10 minutes. Égoutter.

Dans un wok, chauffer l'huile, ajouter les échalotes, l'ail et le piment rouge, et faire revenir jusqu'à ce qu'ils soient dorés. Ajouter la sauce de soja, la sauce au piment, le poisson et la marinade, et faire revenir 2 à 3 minutes, jusqu'à ce que le poisson soit cuit.

Ajouter les nouilles et mélanger délicatement. Garnir de brins de coriandre fraîche et servir immédiatement.

POUR 4 À 6 PERSONNES

1 bar, de 450 à 675 g, écaillé et vidé

½ cuil. à café de sel

1 morceau de gingembre frais de 5 cm,
  pelé et coupé en julienne

1 cuil. à café de vin de riz

1 cuil. à soupe d'oignons verts émincés
  en biais

1 cuil. à soupe d'huile d'arachide

1 cuil. à soupe de sauce de soja claire

CHING JING YU

Poisson à la cantonaise

Rincer et sécher le bar. Pratiquer plusieurs incisions en croisillons sur chaque flanc du poisson, presser le sel sur la peau et laisser reposer 20 minutes.

Mettre le bar sur une assiette, garnir de gingembre, de vin de riz et de la moitié des oignons verts et cuire à la vapeur 8 à 10 minutes.

Dans une petite casserole, chauffer l'huile jusqu'à ce qu'elle soit fumante, ajouter les oignons verts restants et faire revenir jusqu'à ce qu'ils soient juste tendres. Répartir sur le poisson, arroser de sauce de soja claire et servir immédiatement.

CONSEIL

En Chine, le poisson est toujours servi très frais, entier avec la queue et la tête. Les joues du poisson, considérées comme la partie la plus tendre du poisson, sont toujours réservées à l'invité le plus important.

POUR 4 PERSONNES

1 portion de chutney à la coriandre
   (*voir* page 200)

1 grande feuille de bananier fraîche

huile d'arachide, pour graisser

sel et poivre

4 filets de poisson à chair blanche,
   de la limande par exemple,
   de 140 g chacun

quartiers de citron ou de citron vert,
   en accompagnement

PAATRANI MACHCHI

Poisson en papillotes de feuille de bananier

Préparer le chutney au moins 2 heures à l'avance.

Couper la feuille de bananier en 4 carrés assez large pour envelopper les filets de poisson (environ 25 cm de côté). Huiler une face d'un carré, placer un filet de poisson au centre, côté peau vers le bas, et garnir d'un quart du chutney. Saler et poivrer.

Replier les quatre côtés du carré sur le poisson de sorte qu'ils se superposent et fixer avec 2 piques à cocktail. Répéter l'opération avec les ingrédients restants, mettre au réfrigérateur et laisser reposer plusieurs heures.

Répartir les papillotes en une seule couche dans un panier à étuver, placer sur une casserole d'eau bouillante en veillant à ce que le panier n'entre pas en contact avec l'eau et cuire 15 minutes. Servir les filets de poisson dans leur papillote, accompagné de quartiers de citron.

CONSEIL

Les feuilles de bananier fraîches sont commercialisées dans la plupart des épiceries asiatiques. Il est également possible d'utiliser du papier d'aluminium, côté mat vers l'intérieur.

POUR 3 À 4 PERSONNES

1 limande, vidée

½ cuil. à café de sel

2 cuil. à café de haricots noirs fermentés, rincés et hachés

2 cuil. à café d'ail finement haché

1 cuil. à café de gingembre frais haché

1 cuil. à soupe d'oignons verts ciselés

1 cuil. à soupe de sauce de soja claire

1 cuil. à café de vin de riz

1 cuil. à café d'huile d'arachide

1 trait d'huile de sésame

½ cuil. à café de sucre

1 pincée de poivre blanc

SI JAP JIN TAAP SA

Limande à la sauce aux haricots noirs

Mettre la limande sur une assiette ou un carré de papier d'aluminium, garnir de tous les ingrédients restants et cuire 10 à 12 minutes dans un panier à étuver, jusqu'à ce que le poisson soit cuit. Servir immédiatement.

VARIANTE

Tous les poissons peuvent convenir pour cette recette, de même que le poisson surgelé. Veiller à ce que le poisson ait une taille adaptée au panier à étuver.

POUR 4 PERSONNES

4 cuil. à soupe d'huile d'arachide, un peu
plus pour huiler

zeste finement râpé et jus d'un citron
vert

4 filets de maquereau, de 175 g chacun

1½ cuil. à café de graines de cumin

1½ cuil. à café de graines de moutarde
noire

1½ cuil. à café de graines de nigelle

1½ cuil. à café de graines de fenouil

1½ cuil. à café de graines de coriandre

1 morceau de gingembre frais de 4 cm,
pelé et finement haché

1½ gousses d'ail, très finement hachées

3 échalotes, très finement hachées

1 pincée de poudre de piment

sel et poivre

piments rouges frais, épépinés et très
finement émincés, en garniture

quartiers de citron vert, en garniture

BHANGDE LONCHEN

Maquereau en saumure

Mélanger 2 cuillerées à soupe d'huile avec le zeste et le jus de citron vert, saler et poivrer. Mettre les filets de maquereau en une seule couche dans une terrine non métallique, ajouter le mélange précédent et mélanger avec les mains. Laisser mariner au moins 10 minutes ou couvrir de film alimentaire, mettre au réfrigérateur et laisser mariner 4 heures.

Préchauffer le gril à haute température et huiler légèrement la grille.

Retirer le poisson du réfrigérateur, laisser revenir à température ambiante 15 minutes et mettre sur la grille huilée, côté peau vers le haut. Passer au gril 6 minutes à 10 cm de la source de chaleur, jusqu'à ce que la chair s'effeuille.

Dans un wok, chauffer 2 cuillerées à soupe d'huile à feu moyen à vif, ajouter les graines de cumin, de moutarde noire, de nigelle, de fenouil et de coriandre, et faire revenir jusqu'à ce que les graines de moutarde commencent à éclater et que les graines de coriandre et de cumin soient dorées. Retirer immédiatement du feu, ajouter le gingembre, l'ail, les échalotes et la poudre de piment, et remuer 1 minute.

Transférer les filets de maquereau dans des assiettes, garnir de la préparation précédente et parsemer de piment. Servir accompagné de quartiers de citron vert.

VARIANTE
Les épices de cette recette se marient surtout avec les poissons à chair grasse, le hareng, le saumon ou le thon, par exemple.

POUR 4 À 6 PERSONNES

1 poisson de rivière entier, truite
    ou carpe par exemple, de 400 g,
    nettoyé
1 cuil. à soupe de farine
1 pincée de sel
100 ml d'eau
huile d'arachide, pour la cuisson

SAUCE

100 ml d'huile d'arachide
1 cuil. à café de flocons de piment
1 gousse d'ail, finement hachée
1 cuil. à café de gingembre frais haché
1 cuil. à soupe de sauce aux haricots noirs
½ cuil. à café de poivre blanc
2 cuil. à café de sucre
1 cuil. à soupe de vinaigre de vin de riz
1 cuil. à café d'oignon vert

114

DAU FAAN YU
Poisson de rivière et sa sauce aux haricots noirs

Rincer et sécher le poisson. Mélanger la farine, le sel et l'eau de façon à obtenir une pâte fluide et enduire le poisson.

Dans un wok, chauffer l'huile à 180 °C – un dé de pain doit y dorer en 30 secondes. Plonger le poisson dans l'huile et faire frire jusqu'à ce que la peau soit dorée. Retourner et faire frire l'autre côté. Retirer de l'huile, égoutter et réserver au chaud.

Pour la sauce, verser l'huile dans une casserole à l'exception d'une cuillerée à soupe et chauffer jusqu'à ce qu'elle soit fumante. Mettre les flocons de piment dans une terrine résistant à la chaleur, ajouter l'huile fumante et réserver.

Dans un wok, chauffer l'huile restante, ajouter l'ail et le gingembre, et faire revenir jusqu'à ce que les arômes se développent. Incorporer la sauce aux haricots noirs et ajouter l'huile pimentée, le poivre, le sucre et le vinaigre. Éteindre le feu et ajouter l'oignon vert. Répartir sur le poisson et servir immédiatement.

POUR 4 PERSONNES

2 cuil. à soupe d'huile d'arachide

3 échalotes, finement hachées

2 gousses d'ail, finement hachées

225 g de riz au jasmin

300 ml de fumet de poisson

4 oignons verts, hachés

2 cuil. à soupe de pâte de curry rouge thaïlandaise

225 g de petits calmars, parés et coupés en anneaux épais

225 g de filets de poisson à chair blanche, sans la peau, coupés en cubes

225 g de filets de saumon, sans la peau, coupés en cubes

4 cuil. à soupe de coriandre fraîche hachée

KHAO SAI KHUNG LA PHA-MUK
Risotto asiatique aux fruits de mer

Dans un wok, chauffer 1 cuillerée à soupe d'huile, ajouter les échalotes et l'ail, et faire revenir 2 à 3 minutes, jusqu'à ce qu'ils soient tendres. Ajouter le riz et faire revenir encore 2 à 3 minutes.

Mouiller avec une louche de fumet et laisser mijoter jusqu'à ce qu'il soit absorbé. Répéter l'opération jusqu'à ce que le riz soit tendre et que tout le bouillon ait été ajouté. L'opération doit prendre 12 à 15 minutes. Transférer le tout dans une terrine, laisser refroidir et couvrir de film alimentaire. Mettre au réfrigérateur une nuit.

Dans un wok, chauffer l'huile restante, ajouter les oignons verts et la pâte de curry, et faire revenir 2 à 3 minutes. Ajouter le calmar et les poissons, et faire revenir délicatement en veillant à ne pas briser les cubes de poisson. Incorporer le riz et la coriandre, réchauffer à feu doux et servir immédiatement.

POUR 4 À 6 PERSONNES

1 cuil. à soupe d'huile d'arachide

115 g de crevettes crues, décortiquées
et déveinées

4 œufs, légèrement battus

1 cuil. à café de sel

1 pincée de poivre blanc

2 cuil. à soupe de ciboulette chinoise
finement hachée

FU YUNG HA
Fu yung de crevettes

Dans un wok, chauffer l'huile, ajouter les crevettes et faire revenir jusqu'à ce qu'elles commencent à rosir.

Saler et poivrer les œufs battus, verser dans le wok et faire revenir 1 minute. Ajouter la ciboulette.

Cuire encore 4 minutes sans cesser de remuer, jusqu'à ce que les œufs soient cuits mais toujours tendres, et servir immédiatement.

CONSEIL
La ciboulette chinoise est également connue sous le nom de ciboulette aillée et possède une saveur très subtile.

POUR 4 PERSONNES

450 g de grosses crevettes

1 cuil. à soupe d'huile d'arachide

3 échalotes, finement hachées

2 gousses d'ail, finement hachées

1 morceau de gingembre frais de 2,5 cm,
   pelé et finement émincé

400 ml de lait de coco en boîte

1 cuil. à soupe de pâte de curry verte
   thaïlandaise

3 ou 4 feuilles de basilic thaïlandais frais

1 cuil. à café de sucre roux

225 g de nouilles de riz plates

2 cuil. à café d'huile de sésame

2 cuil. à soupe de graines de sésame
   grillées

quelques brins de basilic thaïlandais,
   en garniture

4 grosses crevettes cuites non
   décortiquées, en garniture

GUAY TIAW KUNG
Nouilles aux crevettes

Décortiquer les crevettes. Pratiquer une incision le long du dos de chaque crevette et ôter
la veine noire.

Dans un wok, chauffer l'huile, ajouter les échalotes, l'ail et le gingembre, et faire revenir 2 à
3 minutes. Mouiller avec le lait de coco, ajouter la pâte de curry et faire revenir 2 à 3 minutes.

Ajouter les crevettes, les feuilles de basilic et le sucre roux, et cuire jusqu'à ce que les crevettes
soient roses.

Cuire les nouilles à l'eau bouillante selon les instructions figurant sur le paquet, égoutter
et incorporer l'huile de sésame et les graines de sésame grillées. Servir immédiatement avec
les crevettes, garni de brins de basilic et de crevettes cuites non décortiquées.

POUR 4 À 6 PERSONNES

115 g de filet de porc

1 cuil. à soupe de miel,
    délayée dans 1 cuil. à café d'eau
    bouillante

300 g de vermicelle de riz fin

3 cuil. à soupe d'huile d'arachide

2 gousses d'ail, finement hachées

500 g de petites crevettes crues,
    décortiquées, déveinées
    et coupées en deux ou trois

1 oignon, finement émincé

1 cuil. à soupe de poudre de curry
    doux, comme du garam masala

1 poivron vert, épépiné et émincé

1 cuil. à café de sucre

1 cuil. à café de sel

1 à 2 cuil. à café de bouillon
    de poulet

1 cuil. à soupe de sauce de soja
    claire

200 g de pousses de soja, parées

MARINADE CHA SIU

1 cuil. à café de sauce aux haricots
    jaunes, légèrement écrasés

1 cuil. à café de tofu rouge

1 cuil. à café de sauce hoisin

1 cuil. à café de sauce d'huître

1 cuil. à café de sauce de soja
    épaisse

1 cuil. à café de sucre

2 cuil. à café de vin de riz

½ cuil. à café d'huile de sésame

122 SING JAU CHAAU MAI

Nouilles à la mode de Singapour

Mélanger tous les ingrédients de la marinade. Couper le filet de porc en deux dans la longueur, étaler en une seule couche dans un plat et arroser de marinade. Couvrir de film alimentaire et laisser mariner 2 heures en arrosant de temps en temps.

Préchauffer le four à 220 °C (th. 6-7). Étaler les filets sur une grille en réservant la marinade, placer la grille au-dessus d'une lèchefrite remplie d'eau bouillante et cuire 15 minutes au four préchauffé. Réduire la température du four à 180 °C (th. 6). Retourner les filets, arroser de marinade et cuire encore 10 minutes.

Retirer du four et préchauffer le gril. Enduire le porc de miel et passer quelques minutes au gril en retournant une fois. Laisser refroidir et couper en lanières.

Cuire le vermicelle selon les instructions figurant sur le paquet, égoutter et réserver.

Dans un wok, chauffer 2 cuillerées à soupe d'huile, ajouter l'ail et faire revenir jusqu'à ce que les arômes se développent. Ajouter les crevettes et faire revenir 1 minute, jusqu'à ce qu'elles changent de couleur. Ajouter la marinade et faire revenir 1 minute. Retirer du wok et réserver.

Nettoyer le wok, chauffer l'huile restante, ajouter l'oignon et faire revenir 1 minute. Incorporer la poudre de curry, le poivron, le sucre et le sel, mouiller avec le bouillon et faire revenir 2 minutes. Ajouter la sauce de soja claire et le vermicelle, et mélanger. Incorporer les pousses de soja, le mélange à base de crevettes et la viande, réchauffer le tout et servir immédiatement.

POUR 6 PERSONNES

2 cuil. à café de graines de coriandre

½ cuil. à café de grains de poivre noir

1 grosse gousse d'ail, hachée

1 cuil. à café de curcuma en poudre

¼ à ½ cuil. à café de poudre de piment

½ cuil. à café de sel

3 cuil. à soupe de beurre clarifié
   ou d'huile d'arachide

1 oignon, râpé

800 g de tomates concassées en boîte

1 pincée de sucre

500 g de petites crevettes cuites,
   décortiquées

½ cuil. à café de garam masala,
   un peu plus pour la garniture

6 pooris, réchauffés

coriandre fraîche hachée, en garniture

JHINGA PURI
Pooris aux crevettes

Dans un robot de cuisine, mettre les graines de coriandre, les grains de poivre, l'ail, le curcuma, la poudre de piment et le sel, et mixer jusqu'à obtention d'une pâte épaisse. Il est également possible de procéder avec un mortier et un pilon.

Dans un wok, faire fondre le beurre clarifié à feu moyen à doux, ajouter la pâte d'épices et cuire 30 secondes sans cesser de remuer.

Ajouter l'oignon râpé et faire revenir encore 30 secondes. Incorporer les tomates avec leur jus et le sucre, porter à ébullition sans cesser de remuer et laisser bouillir 10 minutes en écrasant les tomates, jusqu'à ce que la préparation ait réduit. Rectifier l'assaisonnement.

Ajouter les crevettes, saupoudrer de garam masala et faire revenir jusqu'à ce que les crevettes soient bien chaudes. Répartir les pooris sur des assiettes et garnir chacun de préparation à base de crevettes. Parsemer de coriandre et saupoudrer de garam masala.

CUISSON
Les pooris sont meilleurs servis chauds. Il est conseillé d'utiliser deux ou trois poêles pour les réchauffer et les servir en même temps. Les pooris, avec leur texture légère, sont traditionnellement utilisés avec cette recette, mais il est possible de les remplacer par des chapatis ou du pain naan.

POUR 4 PERSONNES

3 cuil. à soupe d'huile d'arachide

2 gros crabes frais, chair prélevée

55 g de gingembre frais, pelé et coupé
en julienne

100 g d'oignons verts, coupés
en tronçons de 5 cm

2 cuil. à soupe de sauce de soja claire

1 cuil. à café de sucre

1 pincée de poivre blanc

126 GEUNG CHUNG CHAAU HAI

Sauté de crabe au gingembre

Dans un wok, chauffer 2 cuillerées à soupe d'huile, ajouter la chair de crabe et faire revenir 3 à 4 minutes. Retirer du wok et réserver.

Nettoyer le wok, chauffer l'huile restante, ajouter le gingembre et faire revenir jusqu'à ce que les arômes se développent. Ajouter les oignons verts, la sauce de soja claire, le sucre et le poivre blanc, remettre la chair de crabe et couvrir. Laisser mijoter 1 minute et servir immédiatement.

CONSEIL
Ce plat peut être préparé avec du crabe de mer ou du crabe d'eau douce.

POUR 4 PERSONNES

3 cuil. à soupe d'huile d'arachide

½ cuil. à soupe de graines de moutarde
noire

8 échalotes, hachées

2 gousses d'ail, hachées

2 cuil. à soupe de vinaigre blanc

4 petits piments rouges frais

85 g de crème de coco, râpée et délayée
dans 300 ml d'eau bouillante

10 feuilles de curry fraîche ou 1 cuil. à
soupe de feuilles de curry séchées

½ cuil. à café de curcuma en poudre

¼ à ½ cuil. à café de poudre de piment

2 kg de moules fraîches, grattées
et ébarbées

sel

TISSARIO KADUGU

Moules aux échalotes et aux graines de moutarde

Dans un wok, chauffer l'huile à feu moyen à vif, ajouter les graines de moutarde et faire revenir 1 minute, jusqu'à ce qu'elles commencent à éclater.

Ajouter les échalotes et l'ail, et cuire 3 minutes en remuant de temps en temps, jusqu'à ce qu'ils soient dorés. Incorporer le vinaigre, les piments entiers, la crème de coco, les feuilles de curry, le curcuma, la poudre de piment et 1 pincée de sel. Porter à ébullition sans cesser de remuer.

Réduire le feu, ajouter les moules et couvrir. Laisser mijoter 3 à 4 minutes en secouant le wok régulièrement, jusqu'à ce que les moules soient ouvertes. Jeter les moules qui sont restées fermées, répartir les moules restantes dans des bols et arroser du bouillon.

CONSEIL

Rectifier l'assaisonnement du bouillon avant de l'ajouter aux moules. Si les moules ont libéré du sable, filtrer le bouillon dans une passoire chemisée de mousseline ou de papier absorbant. Les moules doivent être cuites le jour de l'achat. Avant la cuisson, jeter les moules qui ne se ferment pas au toucher.

POUR 4 PERSONNES

2 cuil. à soupe d'huile d'arachide

1 cuil. à café d'ail finement haché

1 cuil. à café de gingembre frais
finement haché

1 cuil. à soupe de haricots noirs
fermentés, rincés et écrasés

400 g de noix de Saint-Jacques

½ cuil. à café de sauce de soja claire

1 cuil. à café de vin de riz

1 cuil. à café de sucre

3 à 4 piments oiseau frais, finement
hachés

1 à 2 cuil. à café de bouillon de poulet
(facultatif)

1 cuil. à soupe d'oignons verts hachés

SI JAP CHAAU DAI JI

Noix de Saint-Jacques à la sauce aux haricots noirs

Dans un wok, chauffer l'huile, ajouter l'ail et remuer. Incorporer le gingembre et faire revenir 1 minute, jusqu'à ce que les arômes se développent. Ajouter les haricots noirs et les noix de Saint-Jacques, et faire revenir 1 minute. Ajouter la sauce de soja claire, le vin de riz, le sucre et les piments.

Réduire le feu et laisser mijoter 2 minutes, mouiller avec le bouillon si nécessaire et incorporer les oignons verts. Servir immédiatement.

CONSEIL

Il est possible d'utiliser des noix de Saint-Jacques surgelées.

POUR 4 PERSONNES

PÂTE ÉPICÉE

2 cuil. à soupe d'huile d'arachide

1 cuil. à soupe d'huile pimentée

2 échalotes, hachées

2 ou 3 gros piments rouges frais,
   épépinés et concassés

2 cuil. à soupe de coriandre en poudre

2 cuil. à soupe de cumin en poudre

1 morceau de gingembre frais de 2,5 cm,
   râpé

1 cuil. à soupe de lemon-grass haché

3 ou 4 racines de coriandre, hachées

1 cuil. à café de sel

1 cuil. à café de sucre roux

SAUTÉ

2 poivrons rouges, épépinés et concassés

150 ml de yaourt nature

750 g de calmars, parés et coupés
   en rondelles

jus d'un citron vert

115 g de crème de coco, râpée

100 ml d'eau chaude

132 PUD PLA-MUK SAI PHRIK-DEANG
Calmars aux poivrons rouges

Mettre tous les ingrédients de la pâte épicée dans un robot de cuisine et mixer jusqu'à ce que le tout soit finement haché.

Transférer la préparation obtenue dans un wok et faire revenir 3 à 4 minutes à feu doux. Ajouter les poivrons et faire revenir 1 à 2 minutes.

Ajouter le yaourt et porter à ébullition. Ajouter les calmars et faire revenir 2 à 3 minutes. Incorporer le jus de citron vert, l'eau chaude et la crème de coco, et laisser mijoter encore 1 à 2 minutes. Servir immédiatement.

Légumes

POUR 4 À 6 PERSONNES

225 g de tofu (poids égoutté), coupé
  en dés de 1 cm

4 œufs, battus

1 pincée de sel

100 g de ciboulette chinoise, finement
  hachée

1 cuil. à soupe de vin de riz chinois

3 cuil. à soupe d'huile d'arachide

4 à 5 cuil. à soupe de bouillon
  de légumes

WAAT DAAN DAU FU
Œufs brouillés
au tofu

Cuire le tofu 2 minutes à l'eau bouillante, égoutter et réserver.

Mélanger les œufs, le sel, la moitié de la ciboulette et 1 cuillerée à café de vin de riz.

Dans un wok, chauffer 2 cuillerées à soupe d'huile, ajouter les œufs et faire revenir 2 minutes sans cesser de remuer, jusqu'à ce que les œufs soient brouillés. Retirer du wok et réserver.

Nettoyer le wok, chauffer l'huile restante, ajouter le tofu et cuire 2 minutes. Mouiller avec le bouillon et le vin de riz restant, et laisser mijoter 3 minutes. Remettre les œufs brouillés dans le wok, ajouter la ciboulette chinoise restante et mélanger. Servir immédiatement.

CONSEIL
Les non-végétariens pourront remplacer le bouillon de légumes par du bouillon de poulet.

POUR 8 MASALA DOSA

3 cuil. à soupe d'huile de moutarde

2 cuil. à café de graines de moutarde
   noire

12 feuilles de curry fraîches ou 1 cuil.
   à soupe de feuilles de curry séchées

3 piments verts frais, épépinés et hachés

1½ gros oignons, hachés

450 ml d'eau

½ cuil. à café de curcuma en poudre

750 g de pommes de terre nouvelles,
   grattées et hachées

½ à 1 cuil. à soupe de pâte de tamarin

20 g de crème de coco, râpée et délayée
   dans 1 cuil. à soupe d'eau bouillante

coriandre fraîche, hachée

8 dosas, réchauffés et réservés
   au chaud

sel

chutney, en accompagnement

MASALA DOSA

138

Masala dosa

Dans une poêle, chauffer l'huile de moutarde à feu vif jusqu'à ce qu'elle soit fumante, éteindre le feu et laisser refroidir complètement.

Réchauffer l'huile de moutarde à feu moyen à vif, ajouter les graines de moutarde et faire revenir jusqu'à ce qu'elles commencent à éclater. Incorporer les feuilles de curry, les piments et l'oignon, et faire revenir 5 à 8 minutes en remuant souvent, jusqu'à ce que l'oignon soit tendre, sans laisser dorer.

Incorporer le curcuma, ajouter les pommes de terre et une pincée de sel, et mouiller avec l'eau. Porter à ébullition, réduire le feu et couvrir. Laisser mijoter 12 à 15 minutes, jusqu'à ce que les pommes de terre soient très tendres et que toute l'eau se soit évaporée. Incorporer la pâte de tamarin, la crème de coco et la coriandre.

Répartir la garniture sur les dosas et servir chaud ou à température ambiante, accompagné de chutney.

CONSEIL

L'huile d'arachide peut remplacer l'huile de moutarde, il faudra alors éviter la première étape.

POUR 4 À 6 PERSONNES

3 champignons chinois séchés, trempés
   20 minutes dans de l'eau chaude

55 g de bok choy

huile d'arachide, pour la friture

450 g de tofu ferme, coupé en cubes
   de 2,5 cm

55 g de pousses de bambou fraîches
   ou en boîte, rincées et finement
   émincées (les pousses de bambou fraîche
   devront être cuites 30 minutes à l'eau
   bouillante)

1 cuil. à café de sauce d'huître

1 cuil. à café de sauce de soja claire

SEUN JIM DAU FU
Pousses de bambou au tofu

Égoutter les champignons en pressant de façon à exprimer l'excédent d'eau, émincer finement et jeter les pieds durs. Blanchir le bok choy 30 secondes à l'eau bouillante, égoutter et réserver.

Dans un wok, chauffer l'huile à 180 °C – un dé de pain doit y dorer en 30 secondes. Plonger le tofu dans l'huile, faire frire jusqu'à ce qu'il soit doré et retirer de l'huile. Égoutter et réserver.

Rincer le wok, chauffer 1 cuillerée à soupe d'huile, ajouter les champignons et le bok choy, et mélanger. Ajouter le tofu et les pousses de bambou, incorporer la sauce d'huître et la sauce de soja, et réchauffer le tout. Servir immédiatement.

POUR 4 PERSONNES

2 cuil. à soupe d'huile d'arachide

6 oignons verts, émincés

1 cuil. à soupe de pâte de curry verte
thaïlandaise

115 g de shiitake, coupés en deux

115 g de pleurotes

115 g de champignons de Paris

115 g de gros champignons de couche,
émincés

2 cuil. à soupe de sauce de soja
thaïlandaise

1 cuil. à café de sucre roux

225 g de châtaignes d'eau, égouttées,
rincées et émincées

55 g de pousses de soja

nouilles, en accompagnement

142 PUD HED RUEM

Sauté de champignons

Dans un wok, chauffer l'huile, ajouter les oignons verts et faire revenir 30 secondes. Ajouter la pâte de curry et faire revenir encore 1 à 2 minutes. Ajouter les champignons et faire revenir à feu vif jusqu'à ce qu'ils soient tendres.

Ajouter la sauce de soja, le sucre, les châtaignes d'eau et les pousses de soja, et cuire 1 à 2 minutes, jusqu'à ce que le tout soit bien chaud et tendre. Servir chaud, accompagné de nouilles.

POUR 4 À 6 PERSONNES

400 g de nouilles de blé fines

140 g de pousses de soja, parées

1 cuil. à soupe d'oignons verts
   très finement hachés, en garniture

SAUCE AU SÉSAME

1 cuil. à soupe de sucre

1 cuil. à soupe d'huile de sésame

55 g de pâte de sésame

1 cuil. à soupe d'huile pimentée

2 cuil. à café de sauce de soja épaisse

1 cuil. à soupe de vinaigre noir chinois

SING DOU MA LAAT MIN
Nouilles chengdu et leur sauce au sésame

Cuire les nouilles selon les instructions figurant sur le paquet, rincer à l'eau courante et réserver. Blanchir les pousses de soja 30 secondes à l'eau bouillante, égoutter et réserver.

Pour la sauce, mélanger les ingrédients et battre vigoureusement jusqu'à obtention d'une consistance épaisse et homogène.

Incorporer la sauce aux nouilles, ajouter les pousses de soja et parsemer d'oignons verts. Servir immédiatement.

CONSEIL
Varier les proportions des ingrédients de la sauce selon son goût.

POUR 4 À 6 PERSONNES

2 œufs

½ cuil. à café de sel

1 pincée de poivre blanc

1 cuil. à café de beurre

2 cuil. à soupe d'huile d'arachide

1 cuil. à café d'ail finement haché

1 petit oignon, finement haché

1 poivron vert, épépiné et émincé

450 g de riz cuit, refroidi

1 cuil. à soupe de sauce de soja claire

1 cuil. à soupe d'oignons verts finement
  hachés

140 g de pousses de soja, parées

2 gouttes d'huile de sésame

Fu yung de légumes

Battre les œufs avec le sel et le poivre. Dans une poêle, chauffer le beurre, verser les œufs battus et cuire jusqu'à ce que l'omelette ait pris. Retirer de la poêle et couper l'omelette en lanières.

Dans un wok, chauffer l'huile, ajouter l'ail et faire revenir jusqu'à ce que les arômes se développent. Ajouter l'oignon et faire revenir encore 1 minute. Ajouter le poivron et cuire 1 minute. Incorporer le riz et remuer jusqu'à ce que les grains soient bien séparés. Ajouter la sauce de soja et cuire encore 1 minute.

Ajouter les oignons verts et les lanières d'omelette, bien mélanger et incorporer les pousses de soja et l'huile de sésame. Faire revenir 1 minute et servir immédiatement.

CONSEIL
Il sera ici préférable d'utiliser un wok antiadhésif.

POUR 4 PERSONNES

4 cuil. à soupe d'huile d'arachide

2 gousses d'ail, finement hachées

2 piments rouges frais, épépinés
et hachés

115 g de champignons, émincés

55 g de pois mange-tout, coupés
en deux dans la longueur

1 cuil. à soupe de sucre roux

55 g de mini-épis de maïs, coupés
en deux dans la longueur

3 cuil. à soupe de sauce de soja
thaïlandaise

quelques feuilles de basilic thaïlandais
frais, plus quelques brins en garniture

350 g de riz cuit, refroidi

2 œufs, battus

2 oignons, émincés

KHAO-KHAI PAK HORM-TORD
Riz frit aux légumes et aux oignons croustillants

Dans un wok, chauffer la moitié de l'huile, ajouter l'ail et les piments, et faire revenir 2 à 3 minutes.

Ajouter les champignons, les pois mange-tout et les mini-épis de maïs, et faire revenir 2 à 3 minutes. Ajouter la sauce de soja, le sucre roux et le basilic, remuer et incorporer le riz.

Repousser la préparation sur le bord du wok, verser les œufs au centre et cuire sans cesser de remuer jusqu'à ce qu'ils soient brouillés. Incorporer les œufs brouillés à la préparation.

Dans une poêle, chauffer l'huile restante, ajouter les oignons et cuire jusqu'à ce qu'ils soient croustillants et dorés. Servir le riz garni d'oignons croustillants et de brins de basilic.

CONSEIL

Le riz doit être bien froid avant d'être ajouté dans le wok de sorte qu'il ne s'agglomère pas aux œufs.

POUR 4 AUBERGINES

4 petites aubergines, d'environ 13 cm
    de longueur
beurre clarifié ou huile d'arachide,
    pour la cuisson

FARCE

4 tomates fermes, râpées
2 oignons, râpés
2 piments rouges frais, épépinés et hachés
4 cuil. à soupe de jus de citron

4 cuil. à soupe de coriandre fraîche hachée
1 cuil. à soupe de pâte d'ail
    et de gingembre
1½ cuil. à soupe de coriandre en poudre
2 cuil. à café de cumin en poudre
1 cuil. à café de graines de fenouil
1 cuil. à café de curcuma en poudre
1 cuil. à café de sel
1 cuil. à soupe de farine de pois chiches
brins de menthe fraîche, en garniture
raïta, en accompagnement

150 BHARWAN BAINGAN TAMATTARI
Aubergines farcies

Pour la farce, mettre les tomates, les oignons, les piments, le jus de citron, la coriandre fraîche, la pâte d'ail et de gingembre, la coriandre en poudre, le cumin en poudre, les graines de fenouil, le curcuma et le sel dans une terrine non métallique. Le mélange doit être assez épais pour ne pas couler des aubergines au cours de la cuisson. Si les tomates sont trop juteuses, incorporer 1 cuillerée à soupe de farine de pois chiches.

Pratiquer 4 incisions dans chaque aubergine, de haut en bas, en veillant à ne pas couper la tige de sorte que les 4 morceaux obtenus ne se désolidarisent pas. Répartir la farce au centre des 4 morceaux de chaque aubergine. Chauffer une cocotte ou une poêle à fond épais assez larges pour contenir les aubergines en une seule couche et faire fondre assez de beurre clarifié pour couvrir la base de la cocotte ou de la poêle de 5 cm et ajouter les aubergines.

Couvrir la cocotte ou la poêle et cuire 15 minutes à feu doux. Retourner délicatement les aubergines et cuire encore 10 à 15 minutes, jusqu'à ce que les aubergines soient tendres. Ajouter une ou deux cuillerées à soupe d'eau si les aubergines attachent en cours de cuisson. Servir chaud ou à température ambiante, accompagné de raïta et garni de brins de menthe.

POUR 4 PERSONNES

250 g de pois cassés jaunes, rincés

1,2 l d'eau

1 cuil. à café de coriandre en poudre

1 cuil. à café de cumin en poudre

¼ de cuil. à café d'asa fœtida

½ cuil. à café de curcuma en poudre

250 g de feuilles d'épinard frais, tiges
épaisses retirées, émincées et rincées

4 oignons verts, émincés

sel

GARNITURE

3 cuil. à soupe d'huile d'arachide

1 cuil. à café de graines de moutarde

2 piments verts frais, coupés en deux
dans la longueur

1 morceau de gingembre frais de 1 cm,
haché

PALAK DAAL

Pois cassés aux épinards

Mettre les pois cassés et l'eau dans une grande casserole, porter à ébullition à feu vif et réduire le feu. Écumer la surface si nécessaire.

Cuire jusqu'à ce que l'écume cesse de se former, incorporer la coriandre en poudre, le cumin, l'asa fœtida et le curcuma, et couvrir à demi. Laisser mijoter 40 minutes, jusqu'à ce que les pois cassés soient très tendres et que peu d'eau reste en surface.

Incorporer les épinards et les oignons verts et laisser mijoter encore 5 minutes en remuant souvent, jusqu'à ce que les épinards aient flétri. Ajouter un peu d'eau si tout le liquide s'évapore avant que les épinards n'aient flétri. Saler selon son goût et transférer dans un plat de service.

Pour la garniture, chauffer l'huile à feu vif dans une petite casserole, ajouter les graines de moutarde, les piments et le gingembre, et faire revenir jusqu'à ce que les graines de moutarde commencent à éclater et que l'huile soit grésillante. Verser sur les pois cassés et servir immédiatement.

CONSEIL

La quantité d'eau nécessaire dépend de la qualité des pois cassés et de la taille de la casserole. Plus les pois cassés seront vieux, plus ils devront cuire longtemps, et plus la casserole sera grande, plus vite l'eau s'évaporera.

POUR 4 PERSONNES

1 cuil. à soupe d'huile d'arachide

1 cuil. à soupe d'huile pimentée

1 oignon, haché

2 gousses d'ail, hachées

2 cuil. à soupe de pâte de curry rouge
  thaïlandaise

1 petit chou-fleur, séparé en fleurettes

175 g de haricots verts, coupés
  en tronçons

150 ml de bouillon de légumes

2 cuil. à soupe de sauce de soja

50 g de noix de cajou grillées,
  en garniture

154 DAUNG-KA-LUM SAI TAU KHIAO,
TAO OB

Chou-fleur aux noix de cajou

Dans un wok, chauffer les huiles, ajouter l'oignon et l'ail, et faire revenir jusqu'à ce qu'ils soient tendres. Ajouter la pâte de curry et faire revenir 1 à 2 minutes.

Ajouter le chou-fleur et les haricots verts, et faire revenir 3 à 4 minutes, jusqu'à ce qu'ils soient tendres. Mouiller avec le bouillon et la sauce de soja, et laisser mijoter 1 à 2 minutes. Servir immédiatement, garni de noix de cajou.

POUR 4 À 6 PERSONNES

250 g de pois cassés rouges,
  rincés

175 g de patates nouvelles,
  grattées et coupées en dés

1 grosse carotte, coupée en dés

1 poivron vert, épépiné et haché

1 litre d'eau

¼ de cuil. à café de curcuma
  en poudre

¼ de cuil. à café d'asa fœtida

1 cuil. à soupe de pâte
  de tamarin

SAMBAR MASALA

3 piments rouges séchés

2 cuil. à soupe de graines de
  coriandre, la même quantité
  de graines de cumin et de
  graines de moutarde noire

1 cuil. à café de grains de poivre
  et la même quantité de graines
  de fenugrec

3 clous de girofle

¼ de cuil. à café de curcuma
  en poudre

½ cuil. à café d'asa fœtida

1½ cuil. à café d'huile d'arachide

1 cuil. à soupe de noix de coco
  séchée râpée

1½ cuil. à soupe de pois cassés
  jaunes et la même quantité
  de pois cassés noirs

sel

GARNITURE

1½ cuil. à soupe d'huile

12 feuilles de curry fraîches

2 piments rouges séchés

1 cuil. à café de graines
  de moutarde noire

156

SAMBHAR
Sambar masala

Dans une terrine, mettre les pois cassés rouges, couvrir d'eau et laisser tremper 30 minutes, en changeant l'eau une fois.

Pour le sambar masala, chauffer une poêle à feu moyen à vif, ajouter les piments, les graines de coriandre, de cumin et de moutarde, les grains de poivre, les graines de fenugrec et les clous de girofle, et faire griller à sec jusqu'à ce que les graines de moutarde commencent à éclater et que les arômes se développent. Ajouter le curcuma et l'asa fœtida, mélanger et transférer le tout immédiatement dans une terrine.

Remettre la poêle sur le feu, verser l'huile et chauffer. Ajouter la noix de coco et les pois cassés jaunes et noirs, et cuire 1 minute, jusqu'à ce qu'ils soient dorés. Transférer le tout dans la terrine contenant les épices et laisser refroidir. Transférer dans un moulin à épices ou dans un mortier, et moudre ou piler jusqu'à obtention d'une poudre.

Égoutter les pois cassés rouges, mettre dans une casserole et ajouter les pommes de terre, la carotte, le poivron et l'eau. Porter à ébullition et écumer la surface si nécessaire. Réduire le feu, incorporer le curcuma et l'asa fœtida, et couvrir à demi. Laisser mijoter 15 à 20 minutes en remuant de temps en temps, jusqu'à ce que les pois cassés soient tendres mais toujours fermes. Incorporer la pâte de tamarin et 2 cuillerées à café de sambar masala, et saler selon son goût.

Pour la garniture, chauffer l'huile à feu vif dans une grande poêle, ajouter les feuilles de curry, les piments et les graines de moutarde, et remuer. Transférer les pois cassés dans un plat de service et parsemer de la préparation précédente.

POUR 16 BEIGNETS

2 cuil. à soupe d'huile d'arachide

225 g de pommes de terre, coupées
en dés et cuites 5 minutes à l'eau
bouillante

2 gousses d'ail, hachées

1 oignon, haché

2 cuil. à soupe de pâte de curry verte
thaïlandaise

55 g de petits pois surgelés, décongelés

jus d'un citron vert

½ cuil. à café de sel

16 galettes de riz carrées de 10 cm
de côté

1 œuf, battu

huile d'arachide, pour la friture

sauce au piment douce ou sauce de soja,
en accompagnement

PUK HAO
Beignets de légumes

Dans un wok, chauffer l'huile, ajouter les pommes de terre, l'ail, l'oignon et la pâte de curry, et faire revenir jusqu'à ce que le tout soit légèrement doré. Incorporer les petits pois, le jus de citron vert et le sel, et faire revenir 1 à 2 minutes. Retirer du feu.

Enduire une galette de riz d'œuf, placer une petite cuillerée de la préparation à base de pommes de terre au centre et rassembler les bords de la galette de façon à obtenir un beignet en forme de bourse. Répéter l'opération avec les ingrédients restants de façon à obtenir 16 beignets.

Dans un wok, chauffer l'huile à 180 °C – un dé de pain doit y dorer en 30 secondes. Plonger quelques beignets dans l'huile chaude et faire frire 3 à 4 minutes, jusqu'à ce qu'ils soient dorés. Égoutter sur du papier absorbant et réserver au chaud. Répéter l'opération avec les beignets restants et servir chaud, accompagné de sauce au piment douce ou de sauce de soja.

POUR 4 À 6 PERSONNES

250 g de lentilles noires

115 g de haricots rouges séchés

4 gousses d'ail, coupées en deux

4 gousses de cardamome noire,
  légèrement écrasées

2 feuilles de laurier

1 bâton de cannelle

115 g de beurre

1½ cuil. à soupe de pâte d'ail
  et de gingembre

2 cuil. à soupe de concentré de tomates

½ cuil. à café de poudre de piment

1 pincée de sucre

sel

150 ml de crème fraîche

brins de coriandre fraîche,
  en garniture

MAAH KI DAAL
Lentilles à l'asiatique

Mettre les lentilles dans une grande terrine, couvrir d'eau et laisser tremper 3 heures
à une nuit. Procéder de même avec les haricots rouges.

Mettre les demi-gousses d'ail, les gousses de cardamome, les feuilles de laurier et le bâton
de cannelle dans un carré de mousseline et fermer à l'aide d'une ficelle.

Égoutter les lentilles et les haricots rouges. Mettre les haricots dans une casserole avec deux
fois leur volume d'eau, porter à ébullition et laisser bouillir 10 minutes. Égoutter, remettre dans
la casserole et ajouter les lentilles. Couvrir avec le double du volume total d'eau, ajouter le carré
de mousseline et porter à ébullition. Réduire le feu, couvrir partiellement et laisser mijoter
3 heures en écumant régulièrement la surface. Écraser contre les parois de la casserole à l'aide
d'une cuillère en bois toutes les 15 minutes au cours de la cuisson de façon à obtenir une pâte
épaisse.

Jeter la mousseline et retirer la casserole du feu. Dans une autre casserole, faire fondre le beurre,
ajouter la pâte d'ail et de gingembre, et faire revenir 1 minute. Incorporer le concentré de tomates,
la poudre de piment et le sucre, saler selon son goût et laisser mijoter 2 à 3 minutes. Incorporer
le beurre épicé à la préparation à base de lentilles, porter à ébullition et réduire le feu. Laisser
mijoter 10 minutes en remuant de temps en temps, transférer dans un plat de service et napper
d'une volute de crème fraîche. Garnir de brins de coriandre et servir.

CONSEIL
Ajouter davantage d'eau si la préparation attache avant que les lentilles et les haricots
ne soient cuits.

2 cuil. à soupe d'huile d'arachide

2 oignons rouges, émincés

2 gousses d'ail, finement hachées

1 morceau de gingembre frais de 5 cm, finement haché

1 piment rouge, épépiné et haché

1 cuil. à soupe de pâte de curry rouge thaïlandaise

225 g de pommes de terre, coupées en cubes, cuites 5 minutes à l'eau bouillante et égouttées

2 poivrons rouges, épépinés et coupés en dés

300 ml de bouillon de légumes

1 cuil. à café de sel

4 cuil. à soupe de coriandre fraîche hachée

162

KAENG PED MUN FA RUNG SAI HOM YAI, PHRIK YHUAK

Curry de pommes de terre aux oignons rouges

Dans un wok, chauffer l'huile, ajouter les oignons, l'ail, le gingembre et le piment, et faire revenir 2 à 3 minutes. Ajouter la pâte de curry et faire revenir 2 à 3 minutes à feu doux.

Ajouter les pommes de terre, les poivrons et le sel, mouiller avec le bouillon et cuire 3 à 4 minutes, jusqu'à ce que les légumes soient tendres. Incorporer la coriandre et servir immédiatement.

POUR 4 À 6 PERSONNES

2 cuil. à soupe d'huile d'arachide

1 cuil. à café de graines de moutarde

200 g d'échalotes, finement émincées

1 cuil. à soupe de pâte de gingembre
et d'ail

12 feuilles de curry fraîches ou 1 cuil.
à soupe de feuilles de curry séchées

2 piments rouges séchés

2 piments verts frais, épépinés
et hachés

½ cuil. à café de coriandre en poudre

½ cuil. à café de curcuma en poudre

600 g de tomates mûres fermes,
concassées

1½ cuil. à soupe de concentré de tomates

300 ml de yaourt nature

brins de menthe fraîche, hachés, plus
quelques brins entiers en garniture

TAMATTAR KA RAITA
Raïta épicée à la tomate

Dans un wok, chauffer l'huile à feu moyen à vif, ajouter les graines de moutarde et faire revenir jusqu'à ce qu'elles commencent à éclater.

Incorporer les échalotes et la pâte d'ail et de gingembre, et faire revenir 5 minutes, jusqu'à ce que les échalotes soient dorées.

Ajouter les feuilles de curry, les piments rouges et verts, la coriandre et le curcuma, réduire le feu et laisser revenir 30 secondes sans cesser de remuer.

Ajouter les tomates et le concentré de tomates, et laisser mijoter 5 minutes en remuant délicatement.

Retirer le wok du feu, incorporer progressivement le yaourt en battant bien après chaque ajout et ajouter la menthe hachée. Rectifier l'assaisonnement, saler si nécessaire et couvrir. Laisser reposer 2 à 3 minutes, remuer délicatement et servir garni de brins de menthe fraîche entiers.

CONSEIL

L'aigreur du yaourt dépend de la marque. Il est possible d'ajouter un peu de sucre roux si le yaourt est trop aigre.

POUR 4 PERSONNES

2 cuil. à soupe d'huile d'arachide, un peu
   plus pour la friture
225 g de tofu ferme (poids égoutté),
   coupé en cubes
1 cuil. à soupe d'huile pimentée
2 piments verts frais, épépinés et émincés
2 gousses d'ail, hachées
6 oignons verts, émincés
2 courgettes, coupées en bâtonnets
½ concombre, pelé, épépiné et émincé

1 poivron vert, épépiné et émincé
1 petite tête de brocoli, séparée
   en fleurettes
55 g de haricot verts, coupés en deux
55 g de petits pois surgelés, décongelés
300 ml de bouillon de légumes
4 cuil. à soupe de crème de coco hachée
2 cuil. à soupe de sauce de soja
1 cuil. à café de sucre roux
4 cuil. à soupe de persil frais haché,
   en garniture (facultatif)

KAENG KHIAO WAN TAO HU

Curry de légumes verts au tofu

Dans une poêle, chauffer quelques centimètres d'huile, ajouter quelques cubes de tofu et faire frire 2 à 3 minutes, jusqu'à ce qu'ils soient dorés. Retirer de la poêle à l'aide d'une écumoire, égoutter sur du papier absorbant et réserver. Répéter l'opération avec les cubes de tofu restants.

Dans un wok, chauffer 2 cuillerées à soupe d'huile et l'huile pimentée, ajouter les piments, l'ail et les oignons verts, et faire revenir 2 à 3 minutes. Ajouter les courgettes, le concombre, le poivron vert, le brocoli et les haricots verts, et faire revenir 2 à 3 minutes.

Ajouter les petits pois, la crème de coco, la sauce de soja et le sucre, mouiller avec le bouillon et couvrir. Laisser mijoter 2 à 3 minutes, jusqu'à ce que les légumes soient tendres.

Incorporer le tofu et servir immédiatement, garni de persil.

POUR 4 À 6 PERSONNES

½ noix de coco fraîche, contenant
    environ 125 g de chair

1 piment vert frais, épépiné et haché

1½ cuil. à café de sucre

1 cuil. à café de coriandre en poudre

¾ de cuil. à café de cumin en poudre

¼ de cuil. à café de poudre de piment

2 feuilles de laurier

2 cuil. à soupe de beurre clarifié
    ou d'huile d'arachide

600 g de citrouille, pelée, épépinée
    et grossièrement râpée

1 cuil. à café de garam masala

KADDU AUR NARIYAL KI SABZI

Citrouille épicée à la noix de coco

Verser le liquide de la demi-noix de coco dans un verre doseur, ajouter de l'eau de façon à obtenir 250 ml et mélanger. Ajouter le piment, le sucre, la coriandre, le cumin, la poudre de piment et les feuilles de laurier, mélanger et réserver.

Râper la chair de la noix de coco ou la hacher dans un robot de cuisine.

Dans un wok, faire fondre le beurre clarifié à feu moyen, ajouter la citrouille et faire revenir 1 minute. Ajouter la noix de coco râpée et faire revenir sans cesser de remuer jusqu'à ce que la préparation commence à brunir.

Mouiller avec l'eau de coco épicée, augmenter le feu et faire revenir jusqu'à quasi évaporation. Saupoudrer de garam masala et faire revenir jusqu'à évaporation totale. Servir immédiatement.

CONSEIL

Pour vérifier la fraîcheur d'une noix de coco, il faudra la secouer pour entendre si elle contient beaucoup d'eau. Il est possible de remplacer la noix de coco fraîche par 125 g de noix de coco déshydratée et 125 g de crème de coco râpée, délayée dans 250 ml d'eau bouillante.

POUR 4 PERSONNES

2 cuil. à soupe d'huile d'arachide

1 piment vert frais, épépiné et haché

6 oignons verts, émincés

3 cuil. à soupe de pâte de curry verte
thaïlandaise

115 g de bok choy

115 g de chou napa

115 g d'épinard frais

115 g d'asperges

3 branches de céleri, émincées
en biais

3 cuil. à soupe de sauce de soja

1 cuil. à café de sucre roux

jus d'un citron vert

riz au jasmin, en accompagnement

KAENG KHIAO WAN RUAM
Curry de légumes verts

Dans un wok, chauffer l'huile, ajouter le piment et les oignons verts, et faire revenir 1 à 2 minutes. Ajouter la pâte de curry et faire revenir encore 2 à 3 minutes.

Ajouter le bok choy, le chou napa, les épinards, les asperges et le céleri, et faire revenir 3 à 4 minutes, jusqu'à ce que les légumes soient juste tendres.

Ajouter la sauce de soja, le sucre roux et le jus de citron vert, et cuire 30 secondes, jusqu'à ce que le tout soit bien chaud. Servir immédiatement, accompagné de riz au jasmin.

POUR 4 À 6 PERSONNES

85 g de noix de cajou

1½ cuil. à soupe de pâte de gingembre
   et d'ail

200 ml d'eau

4 cuil. à soupe de beurre clarifié
   ou d'huile d'arachide

1 gros oignon, haché

5 gousses de cardamome, écrasées

1 bâton de cannelle, coupé en deux

¼ de cuil. à café de curcuma en poudre

250 ml de crème fraîche épaisse

140 g de pommes de terre nouvelles,
   grattées et coupées en dés de 1 cm

140 g de fleurettes de chou-fleur

½ cuil. à café de garam masala

140 g d'aubergines, concassées

140 g de haricots verts, coupés
   en tronçons de 1 cm

sel et poivre

menthe ou coriandre fraîches hachées,
   en garniture

SABZI KA KORMA
Korma de chou-fleur aux haricots verts

Chauffer une grande cocotte à feu vif, ajouter les noix de cajou et faire griller jusqu'à ce qu'elles commencent à dorer. Retirer immédiatement de la cocotte.

Mettre les noix de cajou dans un moulin à épices, ajouter 1 cuillerée à soupe d'eau et la pâte de gingembre et d'ail, et réduire le tout en pâte épaisse.

Dans la cocotte, faire fondre le beurre clarifié à feu moyen à vif, ajouter l'oignon et cuire 5 à 8 minutes, jusqu'à ce qu'il soit doré. Ajouter la pâte de noix de cajou et faire revenir 5 minutes. Ajouter les gousses de cardamome, le bâton de cannelle et le curcuma, incorporer la crème fraîche et l'eau restante, et porter à ébullition sans cesser de remuer. Réduire le feu, couvrir et laisser mijoter 5 minutes.

Ajouter les pommes de terre, le chou-fleur et le garam masala, couvrir et laisser mijoter 5 minutes. Incorporer les aubergines et les haricots verts, et laisser mijoter encore 5 minutes, jusqu'à ce que les légumes soient tendres. Mouiller avec un peu d'eau si la préparation attache en cours de cuisson.

Rectifier l'assaisonnement, parsemer de menthe ou de coriandre, et servir immédiatement.

CONSEIL
En dégustant ce plat, veiller à ne pas croquer dans les gousses de cardamome, qui libéreraient alors un goût amer.

Garnitures
et salades

POUR 3 À 4 PERSONNES
225 g de riz long grain

SI MIU BAAK FAAN
Riz blanc

Rincer le riz, égoutter et mettre dans une casserole. Ajouter le même volume d'eau de sorte que le riz soit juste couvert, porter à ébullition et couvrir. Laisser mijoter 15 minutes. Éteindre le feu et laisser reposer 5 minutes. Les grains doivent être cuits mais ne pas coller.

CONSEIL
Cette recette peut également être préparée avec du riz au jasmin. Il faudra un peu plus d'eau et un temps de cuisson légèrement plus long pour du riz basmati.

POUR 4 À 6 PERSONNES

225 g de riz basmati

2 cuil. à soupe de beurre clarifié
   ou d'huile d'arachide

1 cuil. à café de graines de nigelle

450 ml d'eau

jus et zeste finement râpé d'un gros
   citron

1½ cuil. à café de sel

¼ de cuil. à café de curcuma en poudre

NIMBU BHAAT
Riz au citron

Rincer le riz à l'eau courante jusqu'à ce qu'il rende une eau claire, laisser tremper 30 minutes et égoutter.

Dans une cocotte, faire fondre le beurre clarifié à feu moyen à vif, ajouter les graines de nigelle et le riz, et faire revenir sans cesser de remuer jusqu'à ce que les grains soient bien enrobés de beurre. Ajouter l'eau et porter à ébullition.

Réduire le feu, incorporer la moitié du jus de citron, le sel et le curcuma, et couvrir. Laisser mijoter 8 à 10 minutes sans ôter le couvercle, jusqu'à ce que les grains de riz soient tendres et que tout le liquide soit absorbé.

Éteindre le feu, incorporer le jus de citron restant à l'aide de deux fourchettes et rectifier l'assaisonnement. Couvrir de nouveau et laisser reposer 5 minutes. Garnir de zeste de citron et servir immédiatement.

VARIANTE
Pour faire du riz aux noix de cajou et au citron, faire fondre le beurre clarifié, ajouter 55 g de noix de cajou et faire revenir 30 secondes, jusqu'à ce qu'elles soient dorées. Retirer de la cocotte à l'aide d'une écumoire. Ajouter 1 cuillerée à café de graines de fenugrec aux graines de nigelle et poursuivre la recette. Incorporer les noix de cajou après avoir éteint le feu. Ajouter de la menthe fraîche hachée au zeste de citron.

POUR 4 PERSONNES

2 cuil. à soupe d'huile d'arachide

350 g de riz blanc, cuit et refroidi

1 œuf, bien battu

DAAN FA CHAAU FAAN

Riz frit aux œufs

Dans un wok, chauffer l'huile, ajouter le riz et faire revenir 1 minute en veillant à bien séparer les grains.

Ajouter l'œuf progressivement sans cesser de remuer, faire revenir jusqu'à ce que l'œuf soit cuit et qu'il enrobe bien les grains de riz et servir immédiatement.

CONSEIL

Veiller à bien séparer les grains de riz froids avant de les ajouter dans le wok, la cuisson en sera facilitée.

POUR 4 PERSONNES

3 cuil. à soupe de beurre clarifié
ou d'huile d'arachide

1 oignon, finement émincé

500 g de gombos, éboutés

1 ou 2 piments verts frais, épépinés
et finement émincés

2 cuil. à café de cumin en poudre

¼ de cuil. à café de garam masala

sel et poivre

quartiers de citron, en accompagnement

BHINDI KI SABZI
Gombos épicés

Dans un wok, faire fondre le beurre clarifié à feu moyen à vif, ajouter l'oignon et cuire
2 minutes en remuant souvent.

Ajouter les gombos, les piments verts et le cumin, saler et poivrer. Cuire encore 5 minutes
sans cesser de remuer.

Saupoudrer de garam masala et cuire 2 minutes sans cesser de remuer, jusqu'à ce que
les gombos soient tendres mais toujours croquants. Servir garni de quartiers de citron.

VARIANTE

Ajouter 2 tomates épépinées et concassées avec les gombos et les piments, ou incorporer
250 ml de yaourt nature progressivement, sans cesser de remuer, à la fin de la cuisson.

POUR 4 À 6 PERSONNES

280 g de haricots kilomètres, coupés
  en tronçons de 6 cm

1 cuil. à soupe d'huile d'arachide

1 poivron rouge, épépiné et coupé
  en lanières

1 pincée de sel

1 pincée de sucre

DANG LUNG JIU CHAAU DAU GO
Sauté de haricots kilomètres

Blanchir les haricots kilomètres 30 secondes à l'eau bouillante, égoutter et réserver.

Dans un wok, chauffer l'huile, ajouter les haricots et faire revenir 1 minute à feu vif. Ajouter le poivron et faire revenir encore 1 minute. Saupoudrer de sucre et de sel, et servir.

CONSEIL
En Chine, les haricots kilomètres sont traditionnellement cuits avec des œufs ou des haricots noirs. Dans cette recette, un autre légume a été utilisé pour offrir une couleur contrastée.

POUR 4 À 6 PERSONNES

4 cuil. à soupe de beurre clarifié
  ou d'huile d'arachide

½ cuil. à soupe de graines de cumin

1 oignon, haché

1 morceau de gingembre frais de 4 cm,
  finement haché

1 piment vert frais, épépiné et émincé

450 g de chou-fleur, coupé en fleurettes

450 g de pommes de terre, pelées
  et coupées en cubes

½ cuil. à café de coriandre en poudre

½ cuil. à café de garam masala

sel

brins de coriandre fraîche,
  en garniture

Aloo gobi

Dans une cocotte, faire fondre le beurre clarifié à feu moyen à vif, ajouter les graines de cumin et faire revenir 30 secondes, jusqu'à ce qu'elles commencent à éclater.

Incorporer immédiatement l'oignon, le gingembre et le piment, et faire revenir 5 à 8 minutes, jusqu'à ce que l'oignon soit doré.

Ajouter le chou-fleur et les pommes de terre, incorporer la coriandre en poudre et le garam masala, et saler selon son goût. Faire revenir encore 30 secondes.

Couvrir, réduire le feu et laisser mijoter 20 à 30 minutes en remuant de temps en temps, jusqu'à ce que les légumes soient tendres. Si la préparation attache, il est possible de mouiller avec un peu d'eau en cours de cuisson.

Rectifier l'assaisonnement et parsemer de coriandre fraîche.

Variante

Pour teinter ce plat d'une couleur plus dorée et appétissante, ajouter ¼ de cuillerée à café de curcuma en poudre.

POUR 8 DOSAS

115 g de riz basmati, rincé et égoutté

70 g de lentilles noires

¼ de cuil. à café de graines de fenugrec

125 ml d'eau

2 cuil. à soupe de beurre clarifié, fondu,
   ou 2 cuil. à soupe d'huile d'arachide

sel

Dosas

Porter une casserole d'eau salée à ébullition, ajouter le riz basmati et laisser bouillir 5 minutes. Égoutter, transférer dans une terrine et ajouter les lentilles et les graines de fenugrec. Couvrir avec l'eau et laisser tremper une nuit.

Le lendemain, égoutter le riz et les lentilles en réservant le liquide de trempage, transférer dans un robot de cuisine et ajouter 5 cuillerées à soupe du liquide réservé. Mixer jusqu'à obtention d'une consistance homogène, transférer dans une terrine et incorporer progressivement le liquide de trempage restant. Couvrir d'un torchon trempé dans de l'eau chaude et essoré, et laisser fermenter 5 à 6 heures, jusqu'à ce que de petites bulles se forment à la surface.

Mélanger et incorporer assez d'eau supplémentaire pour obtenir une consistance crémeuse et fluide. Saler selon son goût en fonction de l'aigreur de la préparation.

Chauffer une grande poêle à feu vif jusqu'à ce qu'un peu d'eau aspergée sur la base entre immédiatement en ébullition. Enduire de beurre clarifié fondu, verser une louche de pâte au centre et étaler délicatement. Cuire 2 minutes, jusqu'à ce que la base du dosa soit doré et croustillant.

Retourner le dosa à l'aide d'une spatule métallique et cuire encore 2 minutes. Retirer de la poêle et réserver au chaud. Répéter l'opération avec la pâte restante et servir immédiatement ou réserver pour un usage ultérieur.

POUR 12 POORIS

225 g de farine de blé, tamisée, un peu
   plus pour fariner
½ cuil. à soupe de sel

2 cuil. à soupe de beurre clarifié, fondu,
   ou 2 cuil. à soupe d'huile d'arachide
90 à 150 ml d'eau
huile d'arachide, pour la friture

PURIS

Pooris

Dans une terrine, tamiser la farine et le sel, arroser la surface de beurre et incorporer progressivement l'eau de façon à obtenir une pâte épaisse.

Sur un plan fariné, pétrir 10 minutes, jusqu'à ce qu'elle soit homogène et élastique. Façonner la pâte en boule, mettre dans une jatte et couvrir d'un torchon humide. Laisser reposer 20 minutes.

Diviser la pâte en 12 portions et façonner chaque portion en boule. Aplatir une des boules dans la paume des mains, abaisser finement sur un plan fariné de façon à obtenir un rond de 13 cm de diamètre et répéter l'opération avec les boules restantes.

Dans un wok, chauffer au moins 7,5 cm d'huile à 180 °C – un dé de pain doit y dorer en 30 secondes. Plonger un poori dans l'huile chaude et faire frire 10 secondes, jusqu'à ce qu'il soit doré. Retourner à l'aide de 2 cuillères à soupe et arroser d'huile chaude.

Retirer le poori de l'huile, laisser retomber l'excédent d'huile dans le wok et égoutter sur du papier absorbant. Répéter l'opération avec les pooris restants en veillant à ce que l'huile atteigne de nouveau la température souhaitée entre la cuisson de chaque poori. Servir immédiatement.

POUR 10 PAINS NAAN

900 g de farine

1 cuil. à soupe de levure en poudre

1 cuil. à café de sucre

1 cuil. à café de sel

300 ml d'eau, chauffée à 50 °C

1 œuf, battu

4 cuil. à soupe de beurre clarifié, fondu,
   ou 4 cuil. à soupe d'huile d'arachide,
   un peu plus pour graisser

NAANS
Pains naan

Dans une terrine, tamiser la farine, la levure, le sucre et le sel, et creuser un puits au centre. Mélanger l'eau et l'œuf battu, verser progressivement dans le puits et mélanger avec les mains jusqu'à obtention d'une pâte épaisse. Façonner en boule, remettre dans la terrine et couvrir d'un torchon trempé dans de l'eau chaude et essoré. Laisser reposer 30 minutes.

Sur un plan enduit de beurre clarifié fondu, aplatir la pâte et arroser de beurre clarifié fondu. Pétrir légèrement, diviser en 10 portions et façonner en boulettes. Répartir sur une plaque, couvrir du torchon de nouveau trempé dans de l'eau chaude et essoré, et laisser lever 1 heure.

Placer 2 plaques dans le four et préchauffer à 230 °C (th. 7-8).

À l'aide d'un rouleau à pâtisserie graissé, abaisser les boulettes de pâte en forme de goutte de 3 mm d'épaisseur. Graisser les plaques préchauffées à l'aide de papier absorbant froissé, ajouter les pains naan et cuire 5 à 6 minutes, jusqu'à ce qu'ils soient dorés et qu'ils aient gonflé. Sortir du four, enduire immédiatement de beurre clarifié fondu et servir chaud.

VARIANTE
Il est possible de parsemer les gouttes de pâte de 3 gousses d'ail finement émincées et de 2 cuillerées à soupe de graines de nigelle juste avant la cuisson. Une autre variante consiste à parsemer de graines de sésame juste avant la cuisson.

POUR 8 PARATHAS

225 g de farine de blé, tamisée, un peu
   plus pour fariner
½ cuil. à café de sel

150 à 200 ml d'eau
140 ml de beurre clarifié, fondu,
   ou 150 ml d'huile d'arachide

PARATHAS
Parathas

Dans une terrine, mettre la farine et le sel, creuser un puits au centre et y verser assez d'eau pour obtenir une pâte épaisse. Sur un plan fariné, pétrir la pâte 10 minutes, jusqu'à ce qu'elle soit homogène et souple. Façonner une boule, mettre dans une terrine et couvrir d'un torchon humide. Laisser reposer 20 minutes.

Diviser la pâte en 8 portions et, les mains farinées, façonner des boulettes. Sur un plan fariné, abaisser une portion en un rond de 13 cm de diamètre et enduire d'une cuillerée à café et demi de beurre clarifié fondu. Plier le rond en deux et enduire de nouveau de beurre clarifié fondu. Plier une dernière fois de façon à obtenir un triangle et presser.

Sur le plan fariné, abaisser le triangle de sorte que chaque côté mesure 18 cm de longueur, couvrir d'un torchon humide et répéter l'opération avec les boulettes de pâte restantes.

Chauffer une poêle ou préchauffer le gril à température maximale. Cuire un paratha jusqu'à ce que des bulles apparaissent à la surface, retourner à l'aide de pinces et enduire de beurre clarifié fondu. Poursuivre la cuisson jusqu'à ce qu'il soit doré, retourner de nouveau et enduire de beurre clarifié fondu. Presser le paratha à l'aide d'une spatule en bois. Répéter l'opération avec les parathas restants.

Servir immédiatement, enduit de beurre clarifié fondu. Il est possible de réserver au chaud 20 minutes avant de servir.

POUR 6 CHAPATIS

225 g de farine de blé, tamisée, un peu
    plus pour fariner

½ cuil. à café de sel

150 à 200 ml d'eau

beurre clarifié fondu ou huile
    d'arachide, pour graisser

CHAPATIS

Chapatis

Dans une terrine, mélanger la farine et le sel, creuser un puits au centre et y verser assez d'eau pour obtenir une pâte épaisse. Sur un plan fariné, pétrir la pâte 10 minutes, jusqu'à ce qu'elle soit homogène et élastique. Façonner une boule, mettre dans une terrine et couvrir d'un torchon humide. Laisser reposer 20 minutes.

Diviser la pâte en 6 portions. Les mains farinées, façonner chaque portion en boule. Chauffer une poêle ou préchauffer le gril à température maximale.

Aplatir une boule de pâte dans la paume des mains, abaisser sur un plan fariné en un rond de 18 cm de diamètre et cuire à la poêle ou passer au gril, jusqu'à ce que des taches apparaissent sur la base. Retourner à l'aide de pinces ou d'une spatule métallique, et cuire l'autre face.

Retourner de nouveau le chapati et presser les bords à l'aide d'un torchon. Cuire jusqu'à ce que la base soit bien dorée, retourner et répéter l'opération.

Enduire le chapati de beurre clarifié fondu, répéter l'opération avec les boules de pâte restantes et servir immédiatement. Ils peuvent être réservés au chaud 20 minutes dans du papier d'aluminium.

POUR 250 G

1 grosse mangue de 400 g, pelée, dénoyautée et finement hachée

2 cuil. à soupe de jus de citron vert

1 cuil. à soupe d'huile d'arachide

2 échalotes, finement hachées

1 gousse d'ail, finement hachée

2 piments verts frais, épépinés et émincés

1 cuil. à café de graines de moutarde noire

1 cuil. à café de graines de coriandre

5 cuil. à soupe de sucre roux

5 cuil. à soupe de vinaigre de vin blanc

1 cuil. à café de sel

1 pincée de gingembre en poudre

AAM KI CHUTNEY

Chutney à la mangue

Dans une terrine non métallique, mettre la mangue, ajouter le jus de citron vert et réserver.

Dans une poêle, chauffer l'huile à feu moyen à vif, ajouter les échalotes et cuire 3 minutes. Ajouter l'ail et les piments, et faire revenir encore 2 minutes, jusqu'à ce que les échalotes soient tendres, sans avoir doré. Ajouter les graines de coriandre et de moutarde, et remuer.

Ajouter la mangue, le sucre, le vinaigre, le sel et le gingembre, mélanger et réduire le feu. Laisser mijoter 10 minutes, jusqu'à obtention d'une consistance épaisse et collante.

Retirer du feu et laisser refroidir complètement. Transférer dans un récipient hermétique, couvrir et mettre au réfrigérateur 3 jours avant utilisation. Ce chutney se conserve 1 semaine au réfrigérateur.

POUR 225 G

1½ cuil. à soupe de jus de citron

1½ cuil. à soupe d'eau

85 g de feuilles et de tiges de coriandre, grossièrement hachées

2 cuil. à soupe de noix de coco fraîche râpée

1 petite échalote, très finement hachée

1 morceau de gingembre frais de 5 mm, haché

1 piment vert frais, épépiné et haché

½ cuil. à café de sucre

½ cuil. à café de sel

1 pincée de poivre

200

HARE DHANIYE KI CHUTNEY
Chutney à la coriandre

Dans un robot de cuisine, verser le jus de citron et l'eau, ajouter la moitié de la coriandre et mixer rapidement de façon à obtenir une pâte. Incorporer la coriandre restante et mixer de nouveau en raclant les parois du robot de cuisine si nécessaire.

À défaut d'un robot de cuisine adapté aux petites quantités, piler le tout dans un mortier à l'aide d'un pilon.

Ajouter les ingrédients restants, mixer jusqu'à ce qu'ils soient finement hachés, et rectifier l'assaisonnement. Transférer dans une terrine non métallique, couvrir de film alimentaire et mettre au réfrigérateur 3 jours avant de servir.

VARIANTE
Pour obtenir un raïta rafraîchissant à la coriandre, incorporer 300 ml de yaourt nature et mettre au réfrigérateur au moins 1 heure. Parsemer de coriandre fraîche juste avant de servir.

POUR 4 À 6 PERSONNES

1 morceau de concombre de 300 g,
  pelé et rincé
1 cuil. à café de sel
400 ml de yaourt nature
½ cuil. à café de sucre
1 pincée de cumin en poudre
2 cuil. à soupe de coriandre
  ou de menthe fraîche hachée
poudre de piment, en garniture

Raïta

Étaler un torchon, râper le concombre sur le torchon et saupoudrer d'une demi-cuillerée à café de sel. Rassembler les bords du torchon et presser jusqu'à ce que le concombre soit parfaitement égoutté.

Dans une terrine, mettre le yaourt, incorporer le sel restant, le sucre, le cumin et le concombre râpé, et rectifier l'assaisonnement. Couvrir de film alimentaire et mettre au réfrigérateur jusqu'à ce que le tout soit bien froid.

Incorporer la coriandre et transférer dans un bol de service. Saupoudrer de poudre de piment et servir.

Variante
Incorporer 2 tomates épépinées et finement hachées, ou 4 oignons verts finement hachés, avec la coriandre ou la menthe. De la coriandre ou du gingembre en poudre peuvent aussi être ajoutés selon son goût. Pour un raïta à la banane, peler et couper 3 bananes en rondelles, ajouter 2 piments verts frais épépinés et hachés, et 1 cuillerée à soupe de garam masala. Ajouter éventuellement un peu de zeste et de jus de citron.

POUR 4 PERSONNES

4 cuil. à soupe d'huile d'arachide

1 botte d'oignons verts, hachés

175 g de brocoli chinois

½ petit chou, ciselé

225 g d'épinards frais, rincés

225 g de bok choy, coupé en deux
  ou en quatre si nécessaire

1 petit chou napa, ciselé

quelques brins de basilic thaïlandais
  frais

2 piments rouges frais, épépinés
  et hachés

2 cuil. à soupe de sauce d'huître

1 cuil. à café de sucre roux

1 cuil. à soupe d'huile de sésame

2 cuil. à soupe de graines de sésame,
  grillées

PAHD PUK
Sauté de légumes en salade

Dans un wok, chauffer 2 cuillerées à soupe d'huile, ajouter les oignons verts, le brocoli, les choux, le basilic et les piments, et faire revenir rapidement, jusqu'à ce que le tout ait légèrement flétri. Transférer dans un plat.

Mélanger la sauce d'huître, le sucre, l'huile restante et l'huile de sésame, et verser dans le plat.

Parsemer de graines de sésame et servir immédiatement.

POUR 4 À 6 PERSONNES

450 g de carottes, pelées

1 cuil. à soupe d'huile d'arachide

½ cuil. à soupe de graines de moutarde
noire

½ cuil. à soupe de graines de cumin

1 piment vert frais, épépiné et haché

½ cuil. à café de sucre

½ cuil. à café de sel

1 pincée de curcuma en poudre

1½ à 2 cuil. à soupe de jus de citron

206

GAJAR NU SALAT
Salade de carottes

Râper les carottes dans une terrine et réserver.

Dans un wok, chauffer l'huile à feu moyen à vif, ajouter les graines de moutarde et les graines de cumin, et cuire sans cesser de remuer, jusqu'à ce qu'elles commencent à éclater. Retirer immédiatement du feu, ajouter le piment, le sucre, le sel et le curcuma, et laisser mariner 5 minutes.

Transférer le contenu du wok dans la terrine, ajouter le jus de citron et mélanger. Rectifier l'assaisonnement, couvrir de film alimentaire et mettre au réfrigérateur. Laisser mariner 30 minutes. Mélanger de nouveau juste avant de servir.

POUR 4 À 6 PERSONNES

2 grosses tomates

SAUCE

1 cuil. à soupe d'oignon vert finement
    haché

1 cuil. à café d'ail finement haché

½ cuil. à café d'huile de sésame

1 cuil. à soupe de vinaigre de vin de riz

½ cuil. à café de sel

1 pincée de poivre blanc

1 pincée de sucre

CHUNG SIK FAAN KE SA LEUT
Salade de tomates

Mélanger tous les ingrédients de la sauce et réserver.

Couper les tomates en fines rondelles, répartir dans un plat de service et arroser de sauce.

CONSEIL
Utiliser des tomates bien mûres mais toujours fermes, et couper en rondelles très fines à l'aide d'un couteau très tranchant.

POUR 4 PERSONNES

2 cuil. à soupe d'huile d'arachide

1 cuil. à soupe d'huile pimentée

1 oignon, émincé

1 morceau de gingembre frais de 2,5 cm, râpé

1 petite tête de brocoli, séparée en fleurettes

2 carottes, coupées en bâtonnets

1 poivron rouge, épépiné et coupé en carrés

1 poivron jaune, épépiné et coupé en lanières

55 g de pois mange-tout, coupés en deux

55 g de mini-épis de maïs, coupés en deux

SAUCE

2 cuil. à soupe d'huile d'arachide

1 cuil. à café d'huile pimentée

1 cuil. à soupe de vinaigre de vin de riz

jus d'un citron vert

½ cuil. à café de nuoc-mam

YUM PUK

Salade de légumes aigre-piquante

Dans un wok, chauffer les huiles, ajouter l'oignon et le gingembre, et faire revenir 1 à 2 minutes, jusqu'à ce qu'ils commencent à être tendres. Ajouter les légumes et faire revenir 2 à 3 minutes, jusqu'à ce qu'ils soient légèrement tendres. Retirer du feu et réserver.

Mélanger tous les ingrédients de la sauce. Transférer les légumes dans un plat de service, arroser de sauce et servir immédiatement, ou laisser les arômes se développer et servir froid.

POUR 4 PERSONNES

1 papaye, pelée

350 g de grosses crevettes cuites,
   décortiquées

mesclun, en accompagnement

SAUCE

4 oignons verts, finement hachés

2 piments rouges frais, épépinés
   et finement hachés

1 cuil. à café de nuoc-mam

1 cuil. à soupe d'huile d'arachide

jus d'un citron vert

1 cuil. à café de sucre roux

212

SOMTAM GUNG

Salade de crevettes à la papaye

Prélever les graines de la papaye et couper la chair en fines tranches. Mettre la chair dans une terrine et ajouter les crevettes.

Dans une autre terrine, mélanger tous les ingrédients de la sauce.

Répartir le mesclun dans un saladier, garnir de papaye et de crevettes, et arroser de sauce. Servir immédiatement.

Desserts

POUR 6 PERSONNES

4 pommes, pelées, évidées et coupées
   en lamelles épaisses

huile, pour la friture

PÂTE

115 g de farine

1 œuf, battu

125 ml d'eau froide

SIROP AU CARAMEL

4 cuil. à soupe d'huile de sésame

225 g de sucre en poudre

2 cuil. à soupe de graines de sésame
   grillées

BAT SI PING GWO

Pommes au caramel

Pour la pâte, tamiser la farine dans une jatte, incorporer l'œuf et ajouter progressivement l'eau sans cesser de battre jusqu'à obtention d'une pâte épaisse. Plonger chaque lamelle de pomme dans la pâte.

Dans une casserole, verser 6 cm d'huile et chauffer à 180 °C, de sorte qu'un dé de pain y brunisse en 30 secondes. Plonger les pommes dans l'huile et faire frire jusqu'à ce qu'elles soient dorées. Égoutter et réserver.

Pour le sirop au caramel, verser l'huile de sésame dans une casserole et chauffer jusqu'à ce qu'elle soit fumante. Ajouter le sucre, chauffer sans cesser de remuer jusqu'à ce qu'il soit dissous et cuire jusqu'à obtention d'un caramel doré. Retirer du feu, incorporer les graines de sésame et transférer dans un plat peu profond résistant à la chaleur.

Chauffer le sirop au caramel à feu doux, ajouter les lamelles de pomme et cuire en deux fois, jusqu'à ce que les lamelles soient bien enrobées. Transférer dans de l'eau glacée et servir immédiatement.

CONSEIL

Procéder rapidement de sorte que le sirop ne prenne pas avant d'avoir été ajouté aux pommes.

POUR 4 PERSONNES

1 ananas

1 mangue, pelée, dénoyautée et coupée
en lamelles

55 g de beurre

4 cuil. à soupe de mélasse (raffinée)

1 à 2 cuil. à café de cannelle

1 cuil. à café de noix muscade
fraîchement râpée

4 cuil. à soupe de sucre roux

2 fruits de la passion

150 ml de crème aigre

zeste finement râpé d'une orange

SUBPAROT OB
Ananas rôti épicé

À l'aide d'un couteau tranchant, ôter la base, le sommet et la peau de l'ananas. Détailler en quartiers, retirer la partie centrale dure et couper en gros cubes. Mettre dans un plat à rôti et ajouter la mangue.

Dans une casserole, mettre le beurre, la mélasse, la cannelle, la noix muscade et le sucre, chauffer à feu doux sans cesser de remuer jusqu'à ce que le tout ait fondu et verser dans le plat. Cuire au four préchauffé 20 à 30 minutes à 200 °C (th. 6-7), jusqu'à ce que les fruits soient dorés.

Couper les fruits de la passion en deux, ôter les graines et répartir sur les fruits. Mélanger la crème aigre et le zeste d'orange, et servir en accompagnement des fruits.

POUR 4 À 6 PERSONNES

huile d'arachide, pour la friture

4 à 5 bananes mûres, coupées en deux
  et détaillées en tronçons de 7 cm

PÂTE

55 g de farine

1 pincée de sel

1 œuf, battu

3 cuil. à soupe de lait

2 cuil. à soupe de sucre

JA HEUNG JIU
Beignets aux bananes

Pour la pâte, tamiser la farine et le sel dans une jatte, incorporer l'œuf battu et ajouter progressivement le lait en battant bien entre chaque ajout de façon à obtenir une pâte homogène et épaisse. Incorporer le sucre.

Chauffer l'huile dans un wok, passer chaque tronçon de banane dans la pâte et plonger dans l'huile chaude. Faire frire 3 à 4 minutes, jusqu'à ce que les beignets soient dorés, égoutter et servir chaud.

CONSEIL
Ajouter un peu de beurre à l'huile de friture pour ajouter du goût, ou faire frire dans du beurre uniquement, en veillant à ne pas le laisser brûler.

POUR 4 PERSONNES

55 g de crème de coco en bloc, hachée

150 ml de crème fraîche épaisse

4 bananes

jus et zeste d'un citron vert

1 cuil. à soupe d'huile d'arachide

50 g de noix de coco déshydratée
  non sucrée

222 KHUAY PING
Bananes grillées

Dans une petite casserole, mettre la crème de coco et la crème fraîche épaisse, chauffer à feu doux jusqu'à ce que la crème de coco soit dissoute et retirer du feu. Laisser reposer 10 minutes et fouetter jusqu'à obtention d'une consistance épaisse mais toujours souple.

Peler les bananes et mélanger au jus et au zeste de citron vert. Huiler une poêle à fond rainuré et cuire 2 à 3 minutes en retournant une fois, jusqu'à ce que les bananes soient bien tendres et dorées.

Mettre la noix de coco sur une feuille de papier d'aluminium, passer au gril jusqu'à ce qu'elle soit légèrement dorée et parsemer les bananes. Servir immédiatement, accompagné de la crème à base de coco.

POUR 6 PERSONNES

25 g de sago, mis à tremper
  20 minutes

250 ml d'eau chaude

2 cuil. à soupe de sucre

1 mangue mûre, d'environ 280 g

200 ml de crème fouettée

1 cuil. à soupe de gélatine en poudre,
  dissoute dans 250 ml d'eau chaude

MONG GWO BOU DIN
Desserts à la mangue

Dans une casserole, mettre le sago et l'eau chaude, porter à ébullition et cuire 10 minutes à feu doux en remuant souvent, jusqu'à obtention d'une consistance épaisse. Incorporer le sucre et laisser refroidir.

Peler la mangue, couper de chaque côté du noyau et réduire la chair en purée dans un robot de cuisine. Incorporer la crème fouettée et la gélatine.

Mélanger tous les ingrédients, répartir dans 6 coupes et mettre au réfrigérateur jusqu'à ce que la préparation ait pris.

VARIANTE
D'autres fruits à chair tendre, tels que les pêches, peuvent être utilisés à la place des mangues.

POUR 4 À 6 PERSONNES

zeste finement râpé et jus d'un citron
  vert

450 g de fruits frais, bananes, goyaves,
  oranges, kumquats, mangues, melon
  et ananas par exemple

yaourt nature, en accompagnement

SIROP ÉPICÉ

250 g de sucre en poudre

150 ml d'eau

1 gousse de vanille, fendue et laissée
  entière

1 bâton de cannelle, coupé en deux

½ cuil. à café de graines de fenouil

½ cuil. à café de grains de poivre,
  légèrement concassés

½ cuil. à café de graines de cumin

PHAL KI CHAAT
Salade de fruits épicée

Pour le sirop, mettre le sucre et la moitié de l'eau, la gousse de vanille, le bâton de cannelle, les graines de fenouil, les grains de poivre et les graines de cumin dans une petite casserole. Porter à ébullition à feu moyen à vif sans cesser de remuer de sorte que le sucre se dissolve, cesser de remuer immédiatement et laisser bouillir jusqu'à obtention d'un caramel.

En veillant à bien se reculer de la casserole, incorporer l'eau restante – le sirop fera des projections. Mélanger de façon à délayer le caramel dans l'eau, retirer la casserole du feu et laisser tiédir.

Mettre le jus et le zeste de citron vert dans une jatte. Préparer les fruits et ajouter dans la jatte. En cas d'utilisation de bananes, les enrober immédiatement de jus de citron vert de façon à éviter qu'elles ne se colorent.

Napper de sirop tiède, mélanger et laisser refroidir complètement. Couvrir de film alimentaire, mettre au réfrigérateur et laisser mariner 1 heure. Servir accompagné de yaourt nature.

CONSEIL

Veiller à bien ajouter la totalité du jus des fruits les plus aqueux. Procéder en se plaçant au-dessus de la jatte de façon à recueillir le plus de jus possible.

POUR 4 PERSONNES

4 poires mûres

200 ml d'eau

1 cuil. à café de sucre

1 cuil. à soupe de miel

MAT JIN SYUT LEI
Poires en sirop

Peler chaque poire en laissant les tiges, envelopper de papier d'aluminium et mettre dans une casserole, de sorte que les tiges reposent sur les parois de la casserole. Ajouter de l'eau de sorte que les poires soient immergées à demi, porter à ébullition et laisser mijoter 30 minutes. Retirer les poires de la casserole, retirer le papier d'aluminium en réservant le jus et laisser refroidir.

Porter les 200 ml d'eau à ébullition, ajouter le jus de poire réservé, le sucre et le miel, et laisser bouillir 5 minutes. Retirer du feu et laisser tiédir.

Transférer les poires dans des coupes, ajouter le sirop et servir chaud.

CONSEIL

Servir dans des bols de couleur foncée, de façon à créer un contraste avec la couleur des poires.

POUR 4 PERSONNES

225 g de farine

2 cuil. à soupe de sucre roux

2 œufs

450 ml de lait

zeste râpé et jus d'un citron

55 g de beurre

3 bananes

4 cuil. à soupe de mélasse
  (raffinée)

PANG HO KHUAY
Crêpes aux bananes

Mélanger la farine et le sucre, incorporer les œufs et la moitié du lait, et battre jusqu'à obtention d'une pâte homogène. Incorporer progressivement le lait restant sans cesser de remuer jusqu'à obtention d'une consistance fluide. Incorporer le zeste de citron.

Dans une poêle de 20 cm de diamètre beurrée, verser un quart de la pâte et incliner la poêle de sorte que la pâte se répartisse bien sur le fond. Cuire 1 à 2 minutes, retourner la crêpe et cuire l'autre côté. Faire glisser sur une assiette, réserver au chaud et répéter l'opération de façon à obtenir 4 crêpes au total.

Couper les bananes en rondelles, enrober de jus de citron et arroser de mélasse. Plier chaque crêpe en quatre, garnir le centre de bananes et servir chaud.

POUR 4 PERSONNES

55 g de crème de coco, râpée

150 ml d'eau bouillante

225 g de farine

2 cuil. à soupe de sucre en poudre

2 œufs

450 ml de lait

25 g de noix de coco déshydratée

4 cuil. à soupe de beurre

½ melon, épépiné, pelé et coupé
en fines tranches

crème fouettée, en accompagnement

Mini-crêpes à la noix de coco

Dans une jatte, mettre la crème de coco, ajouter l'eau bouillante et remuer jusqu'à ce que la crème de coco soit bien délayée.

Dans une autre jatte, tamiser la farine, ajouter le sucre et incorporer les œufs et la moitié du lait. Ajouter progressivement le lait restant en remuant bien après chaque ajout et incorporer la crème de coco de façon à obtenir une pâte crémeuse. Ajouter la noix de coco déshydratée.

Dans une poêle à fond épais, faire fondre un peu de beurre, ajouter 3 à 4 cuillerées à soupe de pâte en les espaçant bien de sorte que les mini-crêpes puissent s'étendre à la cuisson. Cuire 1 à 2 minutes, retourner et cuire les autres faces. Retirer de la poêle et réserver au chaud. Répéter l'opération avec la pâte restante et servir chaud, accompagné de crème fouettée et de melon.

POUR 4 À 6 PERSONNES

1 pincée de pistils de safran

150 ml de crème fraîche épaisse,
   un peu plus en garniture

150 ml de lait

4 cuil. à soupe de sucre en poudre

graines de 3 gousses de cardamome

½ bâton de cannelle

40 g de fruits secs finement hachés,
   abricots, mangues et figues par exemple

6 cuil. à soupe de beurre clarifié
   ou d'huile d'arachide

6 tranches de pain, croûte retirée,
   et coupées en triangles

noix muscade, fraîchement râpée

crème fouettée, en accompagnement

SHAHI TUKDA

Pain perdu asiatique

Dans une petite poêle, faire griller à sec les pistils de safran à feu vif en remuant souvent, jusqu'à ce que les arômes se développent. Retirer immédiatement de la poêle.

Dans une casserole, mettre la crème fraîche, le lait, le sucre, les graines de cardamome, la cannelle et les fruits secs, et ajouter les pistils de safran. Chauffer à feu moyen à vif en remuant souvent jusqu'à ce que le mélange soit frémissant et que le sucre soit dissous. Retirer la casserole du feu et laisser infuser au moins 15 minutes.

Préchauffer le four à 200 °C (th. 6-7) et graisser un plat allant au four de 25 x 18 cm.

Dans une grande poêle, faire fondre un tiers du beurre clarifié à feu moyen à vif, ajouter autant de triangles de pain que possible en une seule couche et faire revenir de chaque côté jusqu'à ce qu'ils soient uniformément dorés. Retirer de la poêle, égoutter sur du papier absorbant froissé et répéter l'opération avec les triangles de pain restants, en ajoutant du beurre clarifié si nécessaire.

Répartir les triangles de pain dans le plat et ajouter la crème safranée après avoir retiré le bâton de cannelle. Cuire 20 minutes au four préchauffé, jusqu'à ce que la surface soit dorée. Laisser reposer quelques minutes, saupoudrer de noix muscade et servir chaud, accompagné de crème fouettée.

POUR 6 À 8 PERSONNES

1 cuil. à soupe de cacahuètes

1 cuil. à soupe de pignons

1 cuil. à soupe de graines de lotus

225 g d'un mélange de fruits secs
   (raisins secs, pruneaux, dates, etc.)

2 litres d'eau

115 g de sucre en poudre

225 ml de riz gluant,
   trempé 2 heures dans
   de l'eau froide

LAAP BAAT JUK
Riz au lait aux fruits secs

Faire tremper les cacahuètes, les pignons et les graines de lotus 1 heure dans de l'eau froide. Faire tremper les fruits secs dans de l'eau jusqu'à ce qu'ils soient moelleux. Hacher les plus gros fruits.

Dans une casserole, porter l'eau à ébullition, ajouter le sucre et chauffer sans cesser de remuer jusqu'à ce que le sucre soit dissous. Égoutter le riz, les cacahuètes, les pignons, les graines de lotus et les fruits secs, ajouter le tout dans la casserole et porter de nouveau à ébullition. Couvrir et laisser mijoter 1 heure à feu très doux en remuant souvent.

CONSEIL

La texture de ce plat doit être celle d'une soupe épaisse. Il suffit d'ajouter un peu d'eau pour obtenir une version plus fluide.

POUR 4 À 6 PERSONNES

85 g de riz basmati

1,2 l de lait

graines de 4 gousses de cardamome

1 bâton de cannelle

100 g de sucre en poudre

ACCOMPAGNEMENT

sucre roux

pistaches grillées concassées

KHEER

Riz au lait asiatique

Rincer le riz à l'eau courante jusqu'à ce qu'il rende une eau claire, mettre dans une jatte et couvrir d'eau. Laisser tremper 30 minutes, égoutter et réserver.

Rincer une casserole à l'eau froide et ne pas sécher la casserole. Mettre le lait, les graines de cardamome et le bâton de cannelle dans la casserole et ajouter le riz et le sucre.

Chauffer à feu moyen à vif, porter à ébullition sans cesser de remuer et réduire le feu. Laisser mijoter 1 heure sans cesser de remuer, jusqu'à ce que le riz soit tendre et que la consistance ait épaissi. Ajouter éventuellement un peu de lait de façon à obtenir une consistance plus fluide ou poursuivre la cuisson de façon à obtenir une consistance plus épaisse.

Répartir le riz au lait dans des bols, saupoudrer de sucre roux, parsemer de pistaches et servir immédiatement. Il est également possible de laisser refroidir en remuant souvent puis de couvrir de film alimentaire et de réserver au réfrigérateur.

POUR 6 À 8 PERSONNES

940 ml d'eau

5 g d'agar-agar

225 g de sucre en poudre

125 ml de lait en poudre

1 cuil. à café d'extrait d'amande

SAUCE AU GINGEMBRE

100 g de gingembre frais, grossièrement haché

940 ml d'eau

55 g de sucre roux

GEUNG JAP HANG YAN JE LEI
Gelée aux amandes et sa sauce au gingembre

Pour la gelée, porter l'eau à ébullition, ajouter l'agar-agar et chauffer sans cesser de remuer jusqu'à ce qu'il soit dissous. Incorporer le sucre.

Filtrer, transférer dans un plat peu profond et incorporer le lait en poudre sans cesser de remuer jusqu'à obtention d'une consisance homogène. Laisser tiédir, incorporer l'extrait d'amande et mettre au réfrigérateur.

Pour la sauce, mettre l'eau, le gingembre et le sucre dans une casserole, couvrir et cuire 1 h 30, jusqu'à ce que la sauce soit dorée. Jeter le gingembre.

Couper la gelée en rectangle, transférer dans des assiettes à dessert et napper de sauce, chaude ou froide.

VARIANTE

La sauce au gingembre accompagne également à merveille le tofu.

POUR 6 À 8 PERSONNES

85 g de crème de coco en bloc, râpée

600 ml de crème fraîche épaisse

225 g de sucre glace

2 bananes

1 cuil. à café de jus de citron

fruits frais, en garniture

I TIM MA-PROWN SAI KHUAY

Crème glacée à la noix de coco et à la banane

Dans une jatte, mettre la crème de coco, couvrir d'eau bouillante et mélanger jusqu'à ce que la crème soit dissoute. Laisser refroidir.

Fouetter la crème fraîche avec le sucre. Réduire les bananes en purée avec le jus de citron et incorporer la crème sucrée et la crème de coco.

Transférer dans une jatte adaptée à la congélation et mettre une nuit au congélateur. Servir accompagné de fruits frais.

POUR 4 PERSONNES

½ cuil. à café de pistils de safran

5 cuil. à soupe de lait

1 cuil. à soupe de farine de riz

½ cuil. à soupe de poudre d'amandes

225 ml de lait concentré sucré

225 ml de crème fraîche épaisse

2 cuil. à soupe de sucre en poudre

quelques brins de menthe fraîche,
   en décoration

2 cuil. à soupe d'amandes mondées,
   grillées et concassées, en garniture

KESAR BADAAM KULFI
Kulfis au safran

Dans une petite poêle, faire griller à sec les pistils de safran à feu vif en remuant souvent, jusqu'à ce que les arômes se développent. Retirer immédiatement de la poêle.

Dans une casserole, mettre le lait et le safran, porter au point de frémissement à feu moyen à vif, retirer du feu et laisser infuser au moins 15 minutes. Dans une jatte, mélanger la farine de riz et la poudre d'amandes. Mettre un récipient adapté à la congélation peu profond au congélateur.

Réchauffer le lait safrané jusqu'à ce qu'il soit frémissant et verser progressivement dans la jatte en mélangeant bien après chaque ajout.

Dans une petite casserole, verser le lait concentré et porter à ébullition à feu moyen à vif sans cesser de remuer. Retirer la casserole du feu, incorporer à la préparation précédente et ajouter la crème fraîche et le sucre. Remettre le tout dans la casserole et chauffer 10 à 15 minutes à feu moyen sans cesser de remuer, jusqu'à ce que la préparation épaississe. Veiller à ne pas laisser bouillir. Retirer la casserole du feu et laisser refroidir complètement en remuant souvent.

Mettre 4 moules à kulfis ou ramequins au congélateur. Transférer la préparation dans le récipient glacé, mettre 30 minutes au congélateur et battre la préparation de façon à briser les cristaux. Poursuivre la congélation jusqu'à ce que la préparation ait pris en battant toutes les 30 minutes.

Répartir la préparation dans les moules à kulfis ou les ramequins. Couvrir de film alimentaire et mettre au congélateur encore 2 heures, jusqu'à ce que les kulfis aient pris. Plonger la base des moules ou des ramequins dans de l'eau chaude, démouler sur des assiettes à dessert et décorer de menthe fraîche et d'amandes grillées.

POUR 4 PERSONNES

225 g de sucre en poudre

600 ml d'eau

zeste râpé et jus de 2 citrons verts

1 petit ananas, pelé, coupé en quartiers puis en dés

biscuits, en accompagnement

SUBPAROT, MA-NAU I TIM

Sorbet à l'ananas et au citron vert

Dans une casserole, mettre le sucre et l'eau, chauffer à feu doux sans cesser de remuer jusqu'à ce que le sucre soit dissous et porter à ébullition sans remuer. Laisser mijoter 10 minutes.

Incorporer le zeste râpé et la moitié du jus de citron, retirer du feu et laisser refroidir.

Réduire l'ananas en purée dans un robot de cuisine, ajouter au sirop froid et incorporer le jus de citron restant. Transférer dans une jatte adaptée à la congélation et mettre au congélateur jusqu'à ce que les bords commencent à prendre.

Transférer le sorbet dans une autre jatte, battre à l'aide d'une fourchette de façon à briser les cristaux et remettre au congélateur une nuit. Servir accompagné de biscuits.

POUR 4 PERSONNES

450 ml de crème fraîche épaisse

150 ml de yaourt nature

4 cuil. à soupe de sirop de gingembre
(réservé d'un bocal de gingembre
au sirop)

6 morceaux de gingembre confit,
hachés, un peu plus pour décorer

4 cuil. à soupe de sucre roux

115 g de pâte filo

4 cuil. à soupe de beurre, fondu

3 cuil. à soupe de graines de sésame

KA-NUM RUNG OB YHA
RAD NA KHING

Crèmes au gingembre et biscuits au sésame

Fouetter légèrement la crème fraîche, incorporer le yaourt et le sirop de gingembre. Répartir le gingembre confit dans 4 coupes et ajouter le mélange précédent. Saupoudrer d'une cuillerée à soupe de sucre et mettre au réfrigérateur une nuit.

Préchauffer le four à 200 °C (th. 6-7). Couper la pâte filo en 16 carrés de 10 cm de côté. Enduire un carré de beurre fondu, couvrir avec un autre carré et répéter deux fois l'opération de façon à obtenir 4 couches. Procéder de même avec les carrés restants.

Enduire de beurre fondu les 4 piles de carrés de pâte, parsemer de graines de sésame et cuire 10 à 15 minutes au four préchauffé, jusqu'à ce que les biscuits soient dorés. Ajouter dans les coupes et décorer de morceaux de gingembre confit.

POUR 4 À 6 VERRES

70 g de gingembre frais, très finement haché

½ cuil. à soupe de zeste de citron finement râpé

1,2 l d'eau bouillante

2 cuil. à soupe de jus de citron frais

4 cuil. à soupe de sucre en poudre

DÉCORATION

tranches de citron

brins de menthe fraîche

ADRAK KA SHERBET

Boisson au gingembre

Dans une jatte résistant à la chaleur, mettre le gingembre et le zeste de citron, couvrir d'eau bouillante et remuer. Laisser reposer une nuit.

Filtrer le liquide, transférer dans un pichet et ajouter le jus de citron et le sucre. Remuer jusqu'à ce que le sucre soit dissous, et servir dans des verres à bords hauts, décorés de tranches de citron et de menthe fraîche.

POUR 4 À 6 VERRES

1 grosse mangue, pelée, dénoyautée
  et hachée

700 ml de yaourt nature

250 ml d'eau froide

2 cuil. à soupe de sucre en poudre

jus de citron vert frais, selon son goût

glaçons

gingembre en poudre, pour décorer
  (facultatif)

AAM KI LASSI
Lassi à la mangue

Dans un robot de cuisine, mettre 250 g de mangue hachée, ajouter le yaourt et mixer jusqu'à obtention d'une consistance homogène. (Utiliser la mangue restante pour préparer une salade de fruits.) Ajouter l'eau et mixer de nouveau de façon à bien mélanger le tout.

La quantité de sucre devant être ajoutée dépend de la qualité de la mangue. Ajouter le sucre et le jus de citron vert selon son goût.

Garnir 4 ou 6 verres de glaçons, ajouter la préparation à base de mangue et saupoudrer de gingembre en poudre.

CONSEIL
Au moment de l'achat, choisir une mangue qui ne soit pas abîmée. Une mangue mûre est souple au toucher. Une mangue pas assez mûre pourra être placée dans un sac en plastique percé de quelques trous avec une pomme, elle sera ainsi prête à l'emploi plus vite.

Index

255